이젠,
아프다고
말하요

학교폭력 NO

이젠,
아프다고
말해요

윤학렬 유희경 이윤영 김주희

힐링21
Healing21

차례|

폭력의 아픔, 자신의 꿈으로 극복하세요
_ 세계적인 디자이너 이상봉

따돌림, 이해와 사랑으로 바꿔보세요
_ 스물넷 미스코리아 이성혜

가해자와 피해자가 아닌 동반자가 되세요

　_ 국민언니 록 가수 김경호

두려운 학교폭력, 하지만 당당하게 맞서세요

__ 보는 것만으로도 웃음을 주는 개그맨 오지헌

따돌림의 아픔, 소중한 친구가 되어주세요

__ 대중과 호흡하는 멋진 가수 소이

폭력의 아픔,
자신의 꿈으로 극복하세요

세계적인 디자이너

이상봉 디자이너는 시간이 나면 우리나라 전통 유물을 전시하고
판매하는 인사동을 찾아서 도자기를 비롯한 다양한 공예품, 그림,
글씨를 감상합니다. 세계에서 가장 우수한 글자인 한글로 의상을
디자인하여 예술작품으로 탄생시키는 그는 늘 새로운 영감을 얻기
위해 노력합니다.

때마침 새로 들어온 도자기가 눈에 띄어 자주 방문하는 도자기
전시장에 들어갑니다.

'우리나라 도자기는 우리 민족만의 고유한 빛깔과 모양새가 정
말 아름다워.'

이상봉 디자이너는 다양한 문양의 크고 작은 도자기를 요리조리
살펴봅니다. 우리 옷에 우리 전통 문화의 아름다움을 어떻게 하면
더 소박하게 그려낼 수 있을지 한참을 뚫어지게 봅니다. 그러다가

무슨 생각이 떠올랐는지 얼굴에 미소가 번집니다.

'그때 그 친구들은 잘 지내고 있을까?'

이상봉 디자이너는 문득 어린 시절을 떠올립니다. 도자기만 보더라도 이렇게 하나하나 독특한 아름다움과 개성이 있는데…….

사람도 전시된 도자기처럼 생김새나 개성이 다 다른데 어린 시절, 아무런 이유 없이 그 차이 때문에 폭력을 당하고 폭력을 가했던 일이 떠올랐기 때문입니다.

요즘 학교폭력이 정말 문제라고 합니다. 이제 우리 어린이나 청소년들이 여기 도자기처럼 모두가 자신만의 재능과 적성이 있다는 것을 진심으로 받아들였으면 하는 마음 간절합니다. 각자의 개성을 인정하고 학창시절에 서로 존중하고 격려하면서 모두가 행복하게 꿈을 키워나갈 수 있으면 이보다 더 멋진 일은 없겠지요.

어린이, 청소년 친구들에게 보내는 편지

어린이, 청소년 친구들 안녕!

모두 학교와 학원을 오가면서 정말 바쁘게 지내지요? 시험은 또왜 그리 많은지, 아마 성적 때문에 스트레스도 많을 겁니다. 게다가 하고 싶은 것은 많은데 공부하라는 부모님 성화에, 대학입시 압박에 짜증이 정말 심할 거라 생각해요. 그런데 이것만이 아닐 거예요. 모르긴 몰라도 공부를 잘하면 잘하는 대로, 못하면 못하는 대로 고민이 또 있을 테지요.

어디 그 고민뿐인가요? 친구들과 사소한 오해로 토라지거나 말다툼을 벌이기도 합니다. 이럴 때마다 우리 친구들은 속상해서 속으로 끙끙 앓는가 하면, 가족들에게 괜한 투정을 부리다가 부모님께 꾸중을 듣기도 하지요. 사는 것이 왜 이렇게 힘든지 모르겠다며 한숨 쉬는 일도 많았을 거예요.

자, 잠시 모든 고민 내려놓고, 내가 인사동을 찾을 때마다 즐겨 보는 도자기 이야기 한번 들어볼래요?

도자기는 백자, 청자, 상감청자 등 종류가 아주 다양합니다. 다양한 도자기를 볼 때마다 그 도자기를 빚은 장인들의 숨결이 전해오는 것 같아 늘 경이롭고 감탄이 절로 나옵니다. 온갖 정성과 수고를 아끼지 않은 장인의 솜씨 덕분에 우리 후손들은 아름다운 도자기를 감상할 수 있는 행운을 누리는 것이겠지요.

이와 같이 장인이 빚은 다양한 모양의 도자기처럼 우리는 모두 달라요. 생김새나 말투, 행동이 다 다르지요. 겉으로 드러나는 신체적 차이뿐 아니라 각자 생활해온 환경이 다르다 보니 성격이나 의견은 물론, 재능이 다 다르다는 뜻입니다.

주변에 친구들을 한번 보세요. 키가 큰 친구가 있는가 하면, 작은 친구가 있어요. 내성적이고 조용한 친구가 있는가 하면, 활발한 친구도 있지요. 축구를 아주 잘하는 친구가 있는가 하면, 그림을 아주 잘 그리는 친구, 노래를 잘 부르는 친구, 춤을 멋지게 추는 친구도 있습니다. 수학이나 과학을 좋아하는 친구가 있는가 하면, 국어나 역사 그리고 책읽기를 좋아하는 친구도 있습니다. 이 모두가 각자의 특성, 개성을 갖고 있기 때문이지요.

그런데 요즘 학교에서는 친구의 개성이나 특성을 존중하지 않고 오히려 그 친구의 약점을 찾아내어 마구 놀리고 따돌리는 일이 많다고 하네요. 심지어 폭력을 쓰면서 괴롭힌다고 하는데 혹시 나는 그런 적이 있는지 곰곰이 생각해보세요. 아주 사소하더라도 친구의 마음에 상처 주는 말을 한 적이 있는지……. 아마 누구나 한 번쯤 그런 적이 있을 텐데, 이제부터 생각을 바꾸었으면 좋겠어요.

나는 세계적으로 가장 우수한 글자인 우리 한글을 의상에 디자인하여 우리 문화를 널리 알리는 일에 열정을 쏟고 있어요. 하지만 나도 어릴 때는 체격이 왜소하고 말이 없는 내성적인 성격 때문에 친구들에게서 온갖 따돌림과 폭력을 당했어요. 이후에는 잘못된 생각을 가지고 친구들과 싸움을 하며 폭력을 가하기도 했지요. 결국 나만의 꿈과 목표를 갖고 제자리를 찾았지만 그 당시 괴로움이 너무 컸습니다.

내가 즐겁고 행복하길 원한다면 주위의 친구들도 마찬가지입니다. 자신의 재능이나 적성에 맞고, 정말 이루고 싶은 목표를 향해서 행복하게 살았으면 하지요. 학교는 모든 친구들의 꿈을 키워가는 소중한 곳입니다. 서로 용기를 주고 격려하며 함께 성장하는 곳이지요. 훗날 각자의 위치에서 열심히 살면서 옛 추억을 이야기할 수 있고, 행복을 두 배로 키워주고 힘들 때 어려움을 반으로 줄여주는 소중한 벗을 사귀는 곳, 그곳이 바로 학교입니다.

나의 어릴 적 얘기를 듣고 우리 친구들 모두가 학교폭력에서 벗어나 함께 멋진 꿈을 찾아나가는 행복한 학창시절을 보냈으면 합니다.

디자이너 *이상봉*

둘, 왜소한 체격과 내성적인 성격, 외톨이가 된 초등학교 시절

초등학교 4학년 어느 교실입니다. 쉬는 시간에 선생님이 자리를 비우자 아이들이 왁자지껄 소란을 피웁니다. 마침 상봉이 앉은 교실 맨 앞자리에 공이 굴러옵니다.

"야, 이상봉! 공 던져."

"……."

상봉은 아무 말 없이 공을 던져주고는 다시 자리에 앉아 창밖을 봅니다. 점심시간에 아이들이 운동장에서 공차기를 해도 상봉은 교실에 있든지 학교 울타리 옆 화단에 혼자 앉아 있습니다. 하루 이틀, 한 달 두 달, 시간이 흘러도 체구가 작고 말이 없는 상봉은 늘 혼자입니다. 학기 초에 짝꿍이 친하게 지내려고 상봉에게 말을 걸어도 상봉이 계속 아무런 반응을 보이지 않자 그 아이는 포기했습니다. 쉬는 시간이 되면 짝꿍은 얼른 자리에서 일어나 친한 친구 자리로 가버렸으니까요. 그렇게 내성적이었던 상봉은 있는 듯 없는 듯 누구에게도 주목받지 못한 그런 학생이었습니다.

그러던 어느 날, 미술 시간이었습니다. 수업 시작종이 울려도 아이들이 여전히 떠들자 선생님이 교탁을 한번 칩니다.

"준비물들은 다들 잘 챙겨왔죠?"

"네."

"오늘 미술 시간은 친구들끼리 3,4명씩 팀을 짜서 움직이는 모빌을 만들도록 하겠습니다. 혼자 하는 것이 아니고 함께 아이디어를 내서 만드는 거예요."

"선생님, 친한 친구랑 해도 되나요?"

그때 어떤 친구가 잽싸게 묻습니다.

"아~ 그래도 되고요. 옆 짝꿍을 포함해 자기 자리 앞뒤 친구들과 해도 됩니다. 같이 하면서 협동심도 배우고 서로 의견을 나누면서 해야 의미가 있는 거니까 혼자하면 안 돼요. 알았죠?"

"네!"

선생님은 친구들과 함께 하는 작업이라는 것을 강조하셨고, 반 아이들은 씩씩하게 대답했습니다. 하지만 상봉은 어떻게 해야 할지 몰랐습니다. 친한 친구가 한 명도 없었기 때문이지요. 반 친구들이 팀을 짜느라 분주히 자리를 이리저리 이동했지만 상봉은 자기 자리에 가만히 앉아 있었습니다. 짝꿍과 하고 싶었지만 이미 짝꿍은 다른 친구와 같이 하려고 얘기를 나누고 있었지요.

"자자~ 지금부터 자유롭게 토론하면서 멋지게 모빌을 만들어보세요."

그런데 웬일인가요? 바쁜 일이 있으셨는지 선생님은 교실을 나가셨고, 반 아이들은 수다를 떨면서 뭔가 고민하는 듯한 표정으로 의견을 나누며 모빌을 만들기 시작했습니다. 그동안 반 친구들에게 있는 듯 없는 듯 조용히 혼자 지내던 상봉은 결국 그날 미술시간에 준비물만 만지작거리며 시간을 보냈습니다.

친구들을 원망할 수도 없었던 것이, 학기 초에 다들 낯설고 잘 모르는 사이일 때 서로 다가가면 친구 되기가 좋은데 어린 상봉은 그러질 못했습니다. 친구가 말을 건네도 아무 말도 못하고, 게다가 먼저 다가가 친구 하자고 말을 못했던 내성적이었기 때문이지요.

'어휴, 빨리 짝꿍한테 같이 하자고 할걸. 바보처럼 얘기도 못하고……. 하지만 짝꿍이 같이 안 한다고 할 수도 있잖아……. 그냥 나 혼자가 제일 편해.'

날이 갈수록 상봉은 학교에서 더더욱 혼자가 되었습니다. 초등학교 6년 동안 그나마 대화를 나누는 친구라고는 두 명 정도가 전부였으니까요. 그런데 상봉이 이렇게 학교에서 혼자가 될 수밖에 없었던 이유가 있었습니다.

상봉은 외아들입니다. 형제는 없고 누나와 누이만 있었거든요.

지금도 할아버지, 할머니들이 그러시듯이 상봉이 어린 시절에는 남아선호사상이 매우 강했습니다. 아들이 귀한 집안에 외아들로 태어난 상봉은 집에서 거의 간섭을 받지 않았습니다. 특히 할머니는 이 귀한 손자를 '금이야 옥이야' '오냐 오냐' 하면서 모든 것을 상봉이 하고 싶은 대로 놔두었습니다. 집안의 가장 큰어른인 할머니가 상봉을 싸고도니 며느리인 어머니도 어찌할 수 없었습니다.

지금 생각하면, 무엇이 올바르고 바람직한지 정확하게 인식할수 없었던 상봉을 그냥 그렇게 하고 싶은 대로 내버려둔 것은 참으로 잘못된 일이었습니다.

할머니나 어머니께서 상봉이 잘못한 것이 있으면 꾸짖고 나무라며 올바른 길로 가도록 가르쳐야 했는데 전혀 그러질 않으셨습니다. 그저 어린 상봉이 편하고 좋으면 그만이라는 식으로 키우셨습니다. 그런 태도는 바른 인성으로 친구관계를 맺어야 하는 상봉의 어린 시절에 결코 바람직하지 않았습니다.

그렇게 상봉은 가정에서 할머니의 지나친 사랑으로 자기 마음대로 생활하는 데 익숙하게 되었습니다. 당연히 공동생활의 규칙을 지키면서 함께 지내야 하는 학교생활은 체구가 작고 내성적인 성격의 어린 상봉에게는 맞지 않았던 것이지요.

초등학교에 입학한 후 1년, 2년, 3년이 지나면서 점점 말이 없어진 상봉은 집에서 학교, 학교에서 집을 그냥 오가는 생활의 반복이었습니다. 그런 상봉에게 누군가가 적극적으로 다가왔다면 좀 바뀌었을지도 모릅니다.

하지만 어린 시절 그렇게 이해심이 많은 친구를 기대하는 것은 사실 어려운 일이었지요. 그러니 친구가 없는 외톨이, 지금 표현으로 거의 왕따가 되었던 것입니다.

그나마 상봉에게 다행인 것은 늘 외로웠기에 집에서 주로 책을 읽었다는 것입니다. 친구가 없으니 골목에 나가서 놀 일이 없었지요. 같이 놀자는 친구도 당연히 없었고요.

당시는 지금처럼 학원이라는 것도 없었고, 컴퓨터나 재미있는 게임기가 있었던 때가 아니었습니다. 집과 학교만을 시계추처럼 오갈 뿐, 점점 더 친구들과 멀어지고 이에 따라 집에서 책을 읽는 일이 대부분이었지요. 친구도 없이 학교에서 돌아오면 집에만 있는 상봉을 보는 어머니도 답답했습니다.

하지만 살아가는 일이 급했던 어머니는 꾸짖지도 않으시고 그냥 내버려두었습니다. 내성적인 성격과 외아들이라는 환경 속에서 자란 상봉은 중학교에 가서도 변함없이 똑같은 생활을 반복하게 되었습니다.

셋, 학교폭력의 엄청난 피해자였던
중학교 시절

시계추처럼 집과 학교만을 오가며 혼자 지내는 것에 익숙한 상봉은 중학생이 되면서 더욱 조용한 아이로 변했습니다.

몇 달이 지난 어느 날, 반 아이들이 몇몇이 모여 수군거립니다.

"야, 우리 반 창가 제일 앞자리에 앉은 쟤 말이야."

"어, 상봉이?"

"그래. 그런데 쟤랑 얘기해본 적 있니?"

반 아이들이 서로 얼굴만 쳐다보며 아니라고 고개를 젓습니다. 정말 이야기를 나눈 친구가 아무도 없다는 것을 확인한 아이들이 이상한 눈빛으로 상봉을 쳐다봅니다. 한 아이가 정말 궁금한지 묻습니다.

"쟤 혹시 벙어리 아니냐? 너 쟤 뒷자리잖아."

"벙어리는 아니야. 물어보면 아주 짧게 대답은 해."

그렇게 상봉은 반 친구들과 아무런 대화도 없이 하루하루를 보냈습니다. 초등학교 때와 달라진 것이 있다면 공부보다 음악에 취미를 붙인 것입니다. 집에 오면 라디오를 듣고, 음악관련 잡지를 보면서 음악을 해보고 싶다는 꿈을 키워나갔습니다.

라디오가 제일 좋은 친구였습니다. 라디오의 음악 방송을 들으면서 음악이 좋아지기 시작했고, 어느 순간 음악을 해야겠다는 꿈이 생겼지요.

하지만 그런 상봉 학생에게 남모를 시련이 찾아왔습니다. 어느 날 수업을 마치고 종례 후에 교실을 나서는데, 좀 논다 하는 친구들이 와서는 시비를 걸었습니다.

"야! 땅딸이 벙어리~ 너 말할 줄 알아?"

서로 키득대며 웃더니 상봉에게 무작정 따라오라고 고갯짓을 했습니다.

상봉은 영문을 몰랐지만 문득 불길한 예감이 스쳐, 가고 싶지 않았지만 그냥 도망치거나 애들을 따라가지 않을 용기도 없었습니다. 지금 표현으로 학교에서 일진으로 불리는 애들이었기에 겁이나서 안 간다는 말은 감히 못하고, 조용히 따라갔습니다.

학교 근처의 공터였습니다. 지금은 그 자리에 건물이 들어서 있지만, 그때는 뒤로 산이 있고, 나무들이 울창해서 좀 떨어진 곳에서는 그 안에서 무슨 짓을 해도 알 수 없는 곳이었지요.

공터에는 이미 여러 명이 먼저 와 있었습니다. 무슨 얘기를 하는지 서로 키득거리면서 아무 말 없이 따라온 상봉을 보며 손가락질을 해댔습니다. 그러고는 빙 둘러서더니 무리의 대장처럼 보이는 아이가 얘기합니다.

"오늘은 누가 먼저 시작할래? 철규가 시작할래, 영환이가 시작할래?"

"좋아. 이 짜식은 콩알만 한 놈이니까 짧게 손보자. 길게 힘 뺄 필요 없다고."

– 퍽퍽~

– 으으~윽

별안간 아이들이 상봉을 정신없이 때리기 시작하는데, 어느 정도 시간이 지나자 상봉은 앞이 보이질 않았습니다. 한참을 죽었나 싶을 정도로 맞은 후에야 상봉이 정신이 들자 한 아이가 웃으며 물었습니다.

"야, 너 우리한테 왜 맞는지 알아?"

– 윽, 으으.

"말해봐, 인마!"

"야, 이 자식 봐라. 이렇게 맞고도 말을 안 하네?"

- 퍽, 퍼벅.

- 으으, 윽.

"어디서 쪼그만 놈이 건방지게 모자에 각을 세워 멋을 내? 너 죽을래?"

당시 교복은 검은색 상하의였고, 각진 모자를 써야 했습니다. 교복에 대한 단속이 매우 심했던 시절이었지요. 조용한 상봉은 사실, 학교에서 입으라는 대로 교복을 갖춰 입었을 뿐인데, 그 친구들은 그런 상봉이 눈엣가시였던 모양입니다.

벙어리처럼 말도 없이 조용히 학교만 다닌 상봉이 만만하게 보인 것은 당연했고, 그런 상봉이 그 친구들에게는 재미있는 시빗거리 대상이 되었던 것입니다. 실제로는 학교의 규칙에 어긋남이 없었는데도 멋을 내고 다닌다고 괜한 트집을 잡았던 것이지요.

"땅딸이 벙어리, 너 앞으로 모자 또 그렇게 쓰고 다니면 알지? 알았어, 몰랐어?

- 으으~~.

"그래도 말을 안 하네? 에이, 재수 없는 놈! 얘들아, 가자."

아이들이 상봉의 가방을 한번 걷어차더니 뭐가 그리 좋은지 시시덕거리며 학교 근처 공터를 빠져나갔습니다. 그렇게 상봉은 논다는 학교 친구들에게 이유 없이 얻어맞았습니다. 옆구리와 허벅지를 얼마나 맞았는지 통증이 몰려옵니다. 왼쪽 얼굴도 얼얼했습니다. 교복은 흙먼지 범벅입니다.

지금도 그 기억을 하면 상봉은 너무도 억울해 가슴 저편에서 '욱' 하는 것이 치밀어오르지만 당시에는 속수무책으로 당할 수밖에 없었습니다.

아이들이 보이지 않자 상봉은 교복에 흙먼지를 털고 학교 옆 인적이 드문 나지막한 동산 위로 올라가 풀숲에 누웠습니다. 가만히 드러누워서 온몸 구석구석 통증을 가라앉히며 달이 떠오를 때까지 있었습니다. 얼마나 지났을까요, 어둑해지면서 달이 뜨더니 별들이 총총 얼굴을 내밀며 빛나기 시작했습니다. 갑자기 두 눈에서 서러운 눈물이 흘러내렸습니다. 아무리 눈물을 멈추려고 애써보지만 그럴수록 하염없이 뺨을 타고 흘렀습니다.

'가만히 있는 나를 아이들은 왜 때리는 걸까? 난 학교에서 조용히 지내고, 친구도 없이 지내며 아무 피해도 주지 않는데……. 나를 때리면 기분이 좋은 걸까? 도대체 왜 나를 못살게 굴지?'

아무 이유도 없이 친구들이 수시로 몰려와서 폭력을 가하는 것은 커다란 고통이자 괴로움이었습니다. 그럴 때 친한 친구라도 있었다면 친구에게 푸념을 하면서 위로도 받고 어떻게든 해결하려고 했을 텐데, 그런 친구도 없었습니다. 내성적인 성격으로 외톨이, 이른바 왕따나 다름없었으니까요.

그런 일이 있은 뒤, 예민한 사춘기였던 상봉은 갈등이 점점 눈덩이처럼 커져갔습니다. 상봉은 음악을 하고 싶다는 꿈을 이루고 싶은 마음뿐이었습니다. 하지만 학교 친구들에게 아무 이유 없이 몰매를 맞고 괴롭힘을 당할 때에는 그냥 죽어버리고 싶은 생각까지도 했습니다. 나름 음악 공부를 열심히 해서 예술고등학교에 진학하는 것이 꿈이었는데, 언제부터인가 학교 친구들의 폭력에 갇히게 되었던 것이지요.

이후 이런 일이 자주 반복되었습니다. 처음에는 그 친구들이 장난삼아 키가 작고 말이 없이 조용히 학교생활을 하는 상봉을 괴롭혔지만, 점차 상봉을 자신들의 무리로 끌어들이려고 더 거칠게 폭력을 가했습니다.

하지만 상봉은 그런 친구들의 무리와 휩쓸리는 것이 싫었습니다. 조용히 좋아하는 음악을 하고 싶을 뿐이었습니다. 그럴수록 그 친구들은 더 자주 상봉을 괴롭히며 때렸습니다. 상봉을 때리면서 길들여 자기 무리로 들어오게 하려 했습니다.

너무 두들겨 맞아 버스를 탈 수 없어 수 킬로미터나 떨어진 집까지 걸어서 가던 때도 있었습니다. 학교는 마포구 만리동이었고 상봉이의 집은 지금의 신대방동이었기에 꽤 멀었습니다. 한강 다리를 건너야 했습니다. 만신창이가 된 몸으로 비척거리며 한강 다리를 건너는데 문득 나쁜 생각이 스쳤습니다.

'이렇게 괴롭힘을 당하며 맞고 사느니 강으로 뛰어들까?'

학교도 싫고, 친구들은 더더욱 싫고, 그리고 세상도 싫어졌습니다. 다리 위에서 푸른 강물을 내려다보니 자유롭게 헤엄치며 다니는 물고기가 눈에 들어왔습니다. 물고기가 부러웠습니다. 자기보다 훨씬 더 행복하게 보였거든요.

문득 할머니 얼굴이 떠올랐습니다. '내가 강물에 뛰어내리면 그 누구보다도 나를 가장 먼저 생각해주고, 사랑해주시는 할머니가 얼마나 슬퍼하실까?' 하고 생각하니 마음이 아팠습니다.

그때 다행히 모질게 마음먹지 않고 다시 제자리를 찾지 않았다면 한글을 디자인과 접목하여 대한민국을 알리는 패션계의 외교관 이상봉은 없었겠지요. 그래서인지 요즘 스마트폰으로 집단 왕따를 당해 온갖 욕설과 정신적인 폭력에 시달리던 청소년들이 끝내 삶을 포기한 뉴스를 접할 때마다 너무나 슬픕니다.

한창 즐겁고 행복할 나이에, 꿈을 키우며 멋진 세상을 향해 나아갈 나이에 오죽하면 삶을 포기할까, 마음이 답답하고 안타깝기만 합니다. 이 세상에 생명으로 태어났다는 것 자체만으로도 이미 커다란 행복이기에 더욱 그렇지요. 그 행복을 지켜주지 못한 어른들의 책임이 그래서 더욱 크다는 것을 절감합니다.

상봉은 친구들에게 그렇게 맞으면서도 절대 부모님께는 말하지 않았습니다. 온몸이 멍투성이여서 일부러 밤이 되어서야 집에 들어갔습니다. 귀한 아들이 엄청나게 맞았다는 사실을 알면 분명 일이 더 커질 것이고, 또 굳이 말하고 싶지도 않았습니다. 꼬치꼬치 캐묻지도 않는 부모님이었기에 말하지 않고 지나칠 수 있었지요.

하지만 그런 상황이 되었을 때 적어도 부모님께 도움을 청했어야 하는데 그렇지 않았으니 더욱 자주 맞게 된 원인이 되기도 했습니다. 때로는 온몸에 멍이 들도록 맞고 와도 물어봐주지 않고 오히려 눈치만 살피는 아버지와 어머니가 원망스럽기도 했습니다. 상봉을 괴롭힌 친구들은 상봉을 괴롭혀도 아무런 일이 벌어지지 않으니 마음 놓고 집단으로 때렸던 것이지요.

그렇게 상봉은 구타를 당하고 나서 누구한테도 억울함을 호소하지 못하고 그저 방 안에서 혼자 삭여야 했습니다. 이후 상봉은 중학교 3학년이 되어 서너 번을 더 맞은 뒤에 결국 그 무리에 들게 되었습니다.

"짜식! 진작 우리 모임에 들어왔으면 우리가 그렇게 너를 때렸겠냐?"

"……."

"야, 이상봉! 오늘 마침 ○○중학교 애들하고 한판 붙거든. 네가 첫 번째로 붙는 거야. 알았지?"

상봉은 그 친구들이 시키는 대로 해야 했습니다. 그중에서 제일 힘든 것이 싸움을 하는 것이었습니다. 상봉은 원래 체격도 작고 어울리는 것을 좋아하지 않았기에 싸우는 것을 아주 싫어했는데 그 무리에서 다른 모임 애들과 싸울 때 상봉을 앞잡이로 내세우기 시작한 것입니다.

심한 싸움은 절대로 자신들이 나서질 않았습니다. 상봉이처럼 나약한 애들을 앞세우며 지켜보면서 교활하게 싸움을 지시했습니다. 예술고등학교에 진학해서 멋진 음악을 만들고 싶었던 중학생 상봉은 소중한 학창시절에 폭력을 일삼는 아이들 사이에 끼어 싸움을 대신하는 신세가 되었던 것입니다.

상봉은 중학교 3학년, 1년 남짓 '싸움을 하는 아이'가 되어 버렸습니다. 이른바 폭력의 피해학생에서 가해학생이 된 것이지요. 자신이 원하든 원하지 않든 폭력은 절대 정당화될 수 없음에도, 상봉은 그런 폭력 모임에 휩쓸리게 된 것입니다.

싸움이 계속되자 상봉은 그 모임 친구들을 정말 만나고 싶지 않았습니다. 만나지 않으면 싸울 일이 없어지니까요. 어서어서 이 지옥 같은 중학교 생활에서 벗어나 좋아하는 음악을 마음껏 할 수 있는 예술고등학교에 무사히 진학하기만을 손꼽아 기다렸습니다. 하지만 중학교 3학년 시절을 그런 모임의 아이들과 휩쓸려 다녔기에 마음과는 달리 결과는 참담했습니다.

상봉이 그토록 원했던 음악을 할 수 있는 예술고등학교의 진학이 좌절되었습니다. 이제 그에게는 더욱 심한 방황만이 기다리고 있었습니다.

나름 자신의 꿈을 향해 정말 열심히 노력하고, 또 이루려고 애썼는데, 그 꿈이 좌절되고 만 것이었습니다. 세상이 다 무너지는 것 같았습니다. 음악을 하고 싶은 꿈도 이루고 싶었지만, 사실 그보다 더 간절한 것은 싸움질이나 하는 악의 구렁텅이에서 벗어나 자유로워지고 싶었습니다.

그런데 막상 예술고등학교에 떨어지고 음악을 하려는 꿈이 좌절되자 아무런 희망도 보이지 않았습니다. 오로지 마음속에서는 잘못된 오기만이 들끓기 시작했습니다.

'그래, 어차피 예술고등학교도 떨어졌는데 내가 할 수 있는 일이 뭐가 있겠어? 그저 내가 당한 만큼 다른 애들에게 똑같이 해주는 것밖에 없잖아.'

결국 일반 고등학교에 진학한 상봉은 싸움의 앞잡이가 되기를 자청했습니다. 누구의 하수인이 되기보다는 자신이 누구보다도 강한 힘을 가진 최고임을 느끼고 싶었습니다. 그래서 상봉이 다니는 고등학교의 폭력 모임이 아닌, 더욱 강한 학교 외부의 폭력 모임에 가입하고 싶었습니다. 결국 제 발로 찾아가 받아달라고 청했습니다. 그리고 한 차례 몰매를 맞았습니다. 과연 그 모임에 자격이 있는지 심사하는 절차와도 같았습니다. 상봉은 쏟아지는 주먹질과 발길질에 이를 악물고 견뎠습니다.

"오우, 센데? 좋아, 가입을 허락하지. 그런데 우리 모임은 들어올 땐 쉬울지 몰라도 탈퇴는 네 맘대로 안 돼. 그래도 들어올 거야? 우리가 시키는 대로 할 거냐고?"

"할게."

꿈이 좌절되자 스스로 더욱 망가지고 싶었던 상봉이었습니다.

그 이후로 상봉은 더욱 견디기 힘든 상황으로 치달았습니다. 원해서 외부 폭력 모임에 가입했지만, 하루가 지나고 또 한 달이 지나면서 뭔가 잘못되어 가고 있다는 생각이 떠나지 않았습니다. 이렇게 사는 것이 진정 옳은 길인가 하는 의심이 들기 시작했습니다.

한 학기가량 모임의 앞잡이가 되어 싸움을 하며 지내다 보니, 원래 싸움을 싫어했던 자신의 본성이 서서히 깨어나기 시작했습니다. 그러다가 문득, 싸움이나 하면서 인생을 낭비하고 싶지 않다는 생각이 들었습니다.

'음악가가 되고 싶었던 그 꿈을 잃었다고 해서 이렇게 인생을 가치 없이 보낸다면 평생을 후회할 거야.'

상봉은 스스로에게 물었습니다.

'내 꿈은 어디로 갔지?'

더 이상 이렇게 살 수 없다고 생각한 상봉은 결국 모임에서 탈퇴하기로 결심했습니다. 하지만 탈퇴는 쉽지 않았습니다. 탈퇴하기까지 수차례 폭력에 시달려야 했습니다.

"야, 이 짜식 봐라. 들어올 땐 네가 원해서 들어와도 나갈 땐 네 마음대로 안 된다고 했잖아. 죽도록 맞아봐야 알겠냐?"

－퍽퍼버벅, 퍽 퍽.

－윽, 으윽.

"웃기지 말고 내일모레 꼭 나와. 안 나오면 네 학교 앞에서 기다린다."

그래도 상봉은 모임에 나가지 않았습니다. 그러면 학교 앞에서 폭력 모임의 친구들이 기다리고 있다가 상봉을 끌고 가 온갖 위협을 하면서 사정없이 때렸습니다. 상봉은 그들의 주먹질과 발길질에 만신창이가 되어 곧 죽을 것 같았지만 참아야 했습니다. 잠시 어긋난 길로 들어서면서 잃어버렸던, 아니 놓치고 살았던 꿈을 찾고 싫었습니다. 순수한 마음으로 음악을 하고 싶어 했던 중학생 시절을 떠올리며 이를 악물며 참았습니다. 그동안 망가져 살았던 자신에 대한 자책과 반성으로 그 모든 것을 견딜 수밖에 없었습니다.

다섯, 학교를 떠날 수밖에 없었던 아픈 시절

사춘기를 거치면서 한순간 방황했던 상봉은 정신이 번쩍 들면서 마음을 다잡기 시작했습니다. 모임에 계속 남아 있었다면 어땠을지 상상하기도 싫었습니다. 하지만 그런 상봉을 또다시 뒤흔든 사건이 일어났습니다.

"야, 이상봉! 너 ○○ 모임 앞잡이라며?"

"그만해라."

반 친구 한 명이 어디서 들었는지 상봉이 가입했던 모임 얘기를 꺼내자 아이들이 '우' 하며 야유를 보냈습니다. 순간 상봉은 창피함과 수치심에 얼굴이 벌개져 어서 이 자리에서 벗어나고 싶었는데 그 친구는 재미있는지 계속 상봉의 마음을 건드렸습니다.

"안 그렇게 봤는데 너 어떻게 그 모임에 들어갔냐? 싸움은 몇 번이나 했냐?"

"그만하라니까."

"왜 그래, 인마? 없는 얘기 한 것도 아닌데. 쪼그만 게."

순간 상봉은 더 이상 감정을 추스르지 못하고 주먹으로 친구의 얼굴을 쳤습니다. 나름 싸움 깨나 한다는 그 친구는 상봉에게 한 대 맞자 거칠게 대들었습니다. 그 친구는 그동안 싸움에 이골이 난 상봉의 상대가 되지 않았습니다. 상봉은 치미는 화를 이기지 못해 그 친구에게 거칠게 주먹을 계속 날렸습니다. 하지만 곧바로 후회가 밀려왔습니다.

'겨우 모임에서 벗어나 마음먹고 다시 시작하려 했는데…….
이게 뭐야?'

선생님에게 제대로 혼이 나고 집으로 돌아오는 길, 상봉은 더욱 자포자기에 빠져들었습니다. 버스가 한강 다리를 지나자 석양빛에 강물이 출렁이는 모습이 눈에 들어왔습니다. 상봉은 갑자기 서글퍼져 모든 것이 싫다고 느껴졌습니다.

'나 같은 놈은 학교와는 어울리지 않아. 친구도 못 사귀고 싸움질이나 하고. 그래, 학교를 다니면 뭐 하냐? 그냥 때려 치자.'

한번 잘못된 길로 들어서고 보니 모든 것이 악순환의 연속이었습니다. 차라리 내 멋대로 사는 것이 나을 것 같았습니다. 아침에 학교 간다 하고 집을 나서서 그냥 하릴없이 거리를 방황하다가 하교 시간에 맞춰 집에 들어갔습니다. 어떤 날은 도서관에서 읽고 싶은 책을 읽었습니다. 그렇게 며칠이 지나자 담임선생님이 집으로 찾아왔습니다.

"상봉이가 학교에 안 나옵니다. 얼마 전에 학교에서 친구를 때려 혼냈는데, 그 이후로 나타나질 않고 있습니다."

선생님은 어머니와 긴 시간 동안 얘기를 나누었습니다. 그런데 어머니는 상봉에게 단 한마디도 묻지 않았습니다. 왜 친구를 때렸는지, 왜 며칠씩 학교에 가지 않았는지, 학교 안 가고 어디서 무엇을 했는지…… 단 한 번도, 한마디도 묻지 않았습니다. 어머니가 아무 말 없이 묵묵히 상봉을 쳐다보자 상봉은 미안해서라도 무슨 말이든 해야 했습니다.

"그냥 학교에 가기가 싫었어요."

어머니에게 짧게 대답하고는 방으로 휙 들어가 버렸습니다.

이후 상봉은 자신과 싸움을 벌여야 했습니다. 학교에 가지 않으니 친구들과의 관계는 별 문제가 없었지만, 하루 종일 시간을 어떻게 보내야 할지 고민했습니다.

어떤 날은 집 뒷동산에 올라가 하루 종일 멍하니 하늘만 쳐다보기도 했습니다. 또 어떤 날은 서점에 가서 온종일 쪼그려 앉아 읽고 싶은 책을 골라 읽었습니다. 그것 말고는 딱히 할 일이 없었습니다. 혹여 학교 근처에서 어정거리다가 모임의 친구들을 만날지도 몰라 되도록 학교에서 멀리 떨어진 곳을 즐겨 찾았습니다. 그렇게 혼자서 외롭게 시간을 보냈습니다. 비록 학교에는 가지 않았지만 다시 잃어버렸던 꿈을 구체화해가기 시작했습니다.

시간이 흐르면서 상봉의 꿈은 음악에서 작가로 바뀌었습니다. 책을 읽을수록 책의 매력에 빠져들었고, 재미있는 이야기를 쓰는 작가 이상봉을 상상하게 되었습니다.

그나마 더 이상 나쁜 길로 빠지지 않아 천만다행이었던 상봉은 학창시절 왕따의 대상이었고, 학교폭력의 피해학생이기도 했고 가해학생이기도 했습니다.

돌이켜 생각해보면, 그 당시 방황의 시기는 지금의 디자이너가 되기 위한 온갖 아이디어들을 쌓은 기간이기도 했습니다. 그리고 그 기간을 거치면서 상봉은 자신에게 진정으로 중요한 것이 무엇인지를 깨달았습니다. 바로 친구였습니다.

"무엇보다도 중요한 것은 의지할 수 있는 친구들이 있어야 한다는 점입니다. 나는 그런 친구가 없어 방황의 시간이 길었고, 또 나쁜 길에서 쉽게 헤어나오기 힘들었습니다. 만약 그 당시 나에게 좋은 친구가 있어 마음을 나누고 의지했다면 나쁜 길에 빠져서 방황하지는 않았을 것 같습니다."

여섯, 학교폭력에서 벗어날 수 있었던 힘은
바로 자신의 꿈!

"한글이 우리 옷에 멋지게 디자인되었는데 저희처럼 패션을 모르는 사람이 봐도 정말 아름답게 보인다는 것이 뜻밖이었어요. 문화유산으로써 세종대왕께서 선물을 주신 것 같아 항상 감사한 마음입니다."

전문 모델뿐만 아니라 유명 연예인들이 모델로 참여해 물 흐르듯 한글이 수놓아진 다양한 옷을 입고 아름다움을 뽐냅니다. 우리의 문자인 한글로 디자인한 의상을 선보이는 패션쇼이지요. 의상 디자이너 이상봉이 옷에 손 글씨로 한글을 입힌 작업이라 우리나라뿐만 아니라 해외에서도 엄청난 관심을 끌었습니다.

이상봉! 그는 지금 세계적인 디자이너입니다. 하지만 그의 어린 시절과 청소년 시절은 그야말로 힘들었고 암울했습니다. 학교에 적응하지 못하고 친구가 없었던 이상봉! 내성적이었기에 더더욱 친구를 사귀기 힘들었고, 가끔은 세상을 등지고 싶다는 생각도 했습니다. 그런 그가 지금은 자신만의 상상력으로 한글을 의상에 디자인하여 예술작품으로 승화시킨 세계적인 디자이너로 우뚝 서 있습니다.

과연 어떤 힘이 이상봉을 세계적인 디자이너로 우뚝 서게 한 것일까요? 그의 말을 곰곰이 새긴다면 학교폭력의 피해학생도 가해학생도 그 해답을 찾을 수 있을 것 같습니다.

"꿈을 잃지 않아야 합니다. 어릴 적 꿈이 이뤄지지 않았다고 좌절해서도 안 됩니다. 누구에게든 꿈은 조금씩 변합니다. 그런 변화가 오히려 더 멋진 꿈을 이뤄냅니다. 나 역시 음악을 하고 싶다고 꿈꾸다가 작가와 연극인을 꿈꾸었고, 결국에는 디자이너가 되었습니다. 사실 음악이나 작가, 디자이너 모두 창조적인 분야라는 공통점이 있습니다. 그런 면에서 보면 비록 분야는 다를지라도 결국은

애초에 내가 하고 싶은 일을 찾은 셈이지요. 그러니 절대로 꿈을 포기하면 안 됩니다.

어찌 보면 지금 내 직업은 내성적인 내 성격과 딱 맞아떨어지는 것 같습니다. 혼자 고민하고 생각하고 아이디어를 짜내는 것이니까요. 하지만 내가 좀 더 긍정적이고 적극적인 성격이었다면 더 멋진 디자이너가 되었을지도 모릅니다. 성격이라는 것이 쉽게 고쳐지는 것은 아니지만 적어도 나쁜 점이 있다면 고치려는 노력이 반드시 필요합니다. 나는 그런 노력을 제대로 하지 않았기 때문에 친구도 없었고, 폭력에 시달렸던 것이지요.

다음은 가족과의 좋은 추억을 만들었으면 합니다. 나는 아버지에 대한 추억이 없는 것이 가장 가슴이 아픕니다. 하지만 지금 시대는 조금만 노력해도 가족과 좋은 추억들을 많이 만들 수 있습니다. 가족은 든든한 지원군입니다. 더구나 가족과의 유대관계가 좋을수록 어려움을 쉽게 극복할 수 있습니다. 힘든 사춘기 때나 이른바 왕따나 학교폭력에 시달릴 때 도움을 청할 수 있는 대상이 바로 가족이기 때문입니다. 가족에게 숨기며 혼자 괴로워하는 것은 결국 꿈을 잃는 것이나 마찬가지이지요.

함께하는 추억이 많을수록 가족 간의 사랑이 더욱 돈독해지고, 어렸을 때 가족의 사랑과 관심을 받고 자란 아이는 사랑을 베푸는 것도 자연스럽게 터득해 많은 친구를 얻게 됩니다.

그리고 마지막으로 강조하는 싶은 것은 어떤 이유든 폭력은 범죄라는 사실입니다. 폭력은 어떤 식으로든 정당화될 수 없습니다.

주먹만이 아니라 말로 타인에게 상처를 주는 것도 마찬가지입니다. 폭력으로 피해를 본 사람은 평생 그 아픔을 지니고 살아갑니다. 떨쳐내려 해도 쉽게 떨칠 수 없지요. 가해학생은 장난삼아 재미로 그랬을지는 모르지만 피해학생은 평생 아픔으로 기억됩니다. 절대 폭력을 행사해서는 안 됩니다.

여러분 모두 서로를 존중하며 자신의 꿈을 키워나가는 멋진 학창시절을 보내기를 기원합니다."

학교폭력 *SOS!* 클릭

세계적인 디자이너 이상봉 아저씨가 어린 시절에 겪었던 학교폭력은, 피해학생에서 가해학생으로 전락했다가 극복한 사례입니다.

어릴 때부터 성격이 소심했던 이상봉 아저씨는 초등학교 때부터 중학교 때까지 외로운 감정을 많이 느꼈습니다.

중학교 때에는 동급생들에게 아무 이유 없이 학교 근처 공터로 불려가서 몰매를 맞았습니다. 이런 일이 있고 나서 일이 커지는 것이 싫어 부모님께 말씀드리지도 못하고 방 안에서 혼자 삭이며 지냈습니다. 가해학생들이 폭력을 반복적으로 자주 가하자 이상봉 학생은 자살 생각까지 했습니다. 하지만 자신을 많이 사랑해주셨던 할머니 생각이 나서 자살은 하지 않았다고 합니다.

우리 주변에는 이상봉 아저씨의 학창시절처럼, 일이 커질까 봐 염려되어 담임선생님이나 부모님께 알리지도 못하고 하루하루 마음을 졸이며 생활하는 학생들이 있을 것입니다. 이상봉 아저씨는 중학교 시절에 학교폭력 피해학생으로 생활하다 점차 분노가 쌓여서, 결국 당한 만큼 누군가에게 되갚아겠다는 마음으로 고등학교 때 가해학생이 되기로 합니다.

그래서 폭력 서클에 가입했는데, 이는 중학교 시절에 자신을 괴롭힌 가해학생들에 대한 복수심과, 자신도 스스로 강해지고 싶어 선택했던 길이었습니다. 하지만 이상봉 아저씨는 폭력 서클에서 활동하면서 이런 것은 강해지는 것이 아니라고 깨닫고 탈퇴를 결심하게 됩니다.

이상봉 아저씨가 겪었던 학교폭력처럼 피해학생에서 가해학생으로 전락한 유형의 사례는 B학생의 사례에서도 접할 수 있습니다. 중학생인 B학생은 초등학교 때부터 왕따를 당했습니다. 중학생이 되어서 키가 크고 힘이 강해지자 자신을 보호한다는 잘못된 생각으로 가해학생으로 변합니다. 약한 학생을 만나면 괴롭히는 것은 물론, 돈을 빼앗고 본인이 초등학교 때 당했던 폭력도 가했습니다.

B학생은 피해학생에게 미안한 마음이 들었지만 자신이 그동안 당한 것이 정말 많았고, 누군가를 괴롭혀야 다른 애들이 자신을 괴롭히지 않는다고 믿었기 때문에 피해학생에서 가해학생이 되어 학교생활을 했던 것입니다.[1]

그런데 이상봉 아저씨와 B학생은 왜 이런 선택을 할 수밖에 없었을까요? 두 사례에서 먼저, 학교폭력을 당하고 나서 도움의 손길을 청하지 않았던 것이 가장 크다고 할 수 있습니다. 담임선생님이

---

1 JTBC 뉴스 '당하지 않으려 때린다.' (2012. 1. 10, 11:39 참조)
   http://news.jtbc.co.kr/article/article.aspx?news_id=NB10052454

나 부모님께 도움을 청해 학교폭력에서 벗어날 수 있었다면 다른 친구들에게서 폭력을 당하지 않으려고 일부러 가해학생이 되지는 않았을 것입니다.

다음은 이상봉 아저씨와 B학생은 학교폭력에서 벗어나기 위해 제대로 노력하지 않았다는 점입니다. 이상봉 아저씨는 일이 커질까 봐 부모님께 알리지 않고 그냥 혼자 삭이며 지냈습니다. B학생도 외부에 별다른 도움을 요청하지 않고 스스로 가해학생이 되기로 결심하고 힘이 약한 학생을 희생양으로 삼아 가해를 했습니다. 그렇다면 이런 선택을 한 두 학생 모두 학교폭력에서 벗어날 수 있었나요?

예전에 방영했던 MBC 수목드라마 「여왕의 교실」에서, 은보미 (서신애 분)가 심하나(김향기 분)를 괴롭힐 때 가담하는 장면이 있습니다.

이날 은보미는 심하나에게 "하나야, 너 책상……"이라고 말끝을 흐리며 자신을 따라오라며 하나를 창고로 데리고 갑니다.

"내 책상 여기 있네."

하나는 창고에서 자신의 책상을 발견하고 애써 아무렇지도 않은 척 태연하게 말합니다. 그때 은보미가 갑자기 창고문을 닫아 버립니다. 이에 심하나는 불을 켜달라고 요청합니다.

"보미야, 문 닫으면 깜깜해서 안 보여!"

그러자 갑자기 창고가 환해지면서 하나의 머리 위로 물이 쏟아졌고, 반 친구들이 하나를 둘러쌌습니다. 그러고는 하나에게 비아냥거리며 말합니다.

"또 수영장에 빠진 거야? 밖에 비 오나?"

이 드라마에서 은보미는 왕따였습니다. 그러나 하나를 괴롭히는데 가담을 합니다. 그 이유는 하나를 학교폭력의 피해자로 만들어야 본인이 학교폭력에서 벗어날 수 있을 거라고 믿었기 때문입니다. 그래서 가해학생이 되었던 것입니다. 드라마의 이 장면은 곧 피해학생에서 가해학생으로 전락한 사례를 명확하게 보여줍니다.

우리 학생들은 학교폭력에 항상 노출되어 있습니다. 오늘의 피해학생이 내일의 가해학생이 될 수도 있습니다. 어떤 선택과 행동을 하느냐에 따라 학교폭력에서 벗어날 수도 있고, 벗어날 수 없기도 합니다. 학교폭력의 피해학생에서 가해학생으로 전락하지 않고 학교폭력에서 벗어날 수 있는 방법은 무엇일까요?

먼저 이상봉 아저씨처럼 꿈을 구체화하고, 꿈을 실현하기 위해 노력하는 것입니다. 약해 보여서 학교폭력을 당하는 것이 아닙니다. 학교폭력을 당했을 때 가만히 있거나 대처를 하지 않으면 가해학생들이 더 만만하게 보고 지속적으로 가해를 합니다. 피해를 당했을 때 반드시 가해학생들이 처벌을 받고 반성할 수 있도록 선생님에게 알려서 가해학생에게도 기회를 줘야 합니다.

다음은 부모님은 항상 여러분 편이라는 것을 믿고, 어려움이 생겼을 때 도움을 청하고 함께 상의하는 것입니다. 그리고 왕따를 당할 경우, 친구들과 어울리도록 애써 노력하는 것이 중요합니다. 친구들이 자주 보는 TV 프로그램과 게임에 관심을 갖고 SNS 등을 통해 친구들과 지속적으로 소통하는 것이 중요합니다. 청소년 수련관이나 학교 동아리, 종교 활동 등을 통해 새로운 친구를 만드는 것도 필요합니다.

• **학교폭력으로 도움이 필요할 때는?**

☎ 교육부 : 모바일 m.stopbullying.or.kr, 유선 117

☎ 경찰청 : 모바일 117 chat APP, 유선 117

☎ 청소년폭력예방재단 : 모바일 지킴톡톡 APP, 유선 1588-9128

☎ Wee센터 : 모바일 m.wee.go.kr

위에서처럼 학교폭력에서 벗어날 수 있는 방법과 도움을 받을 수 있는 기관을 안내했지만, 가장 중요한 것은 스스로 어떤 선택을 하고 행동을 하느냐입니다. 이제부터는 우리 친구들이 현명한 선택을 하리라 믿습니다.

폭력 서클에서 벗어나고 싶지만 보복이 두려워요

- **사례 유형 : 폭력 서클**
- **피해학생 : 총 1인(중 2, 남)**
- **가해학생 : 총 4인(중 2, 남)**

피해학생인 A군은 중학교 1학년 때 맞벌이를 하는 부모님이 늘 늦게 들어오시기 때문에 대부분 혼자서 집을 지켰습니다. 그래서 A군은 자연스럽게 친구들과 자주 어울렸고, 그러다 보니 나쁜 형들과도 만나게 되었습니다.

A군은 폭력성이 심하지 않고 주변에서 조용히 머물러 있는 성격이었습니다. 하지만 나쁜 형들과 함께 있었다는 이유로 학교폭력 자치위원회에 가해학생이 되어 사회봉사 조치를 받는 일이 벌어졌습니다.

A군은 그런 형들과 친구들과 어울리면서 자연히 흡연도 하게 되

었습니다. 결국 아들의 탈선을 파악한 어머니는 직장을 그만두고 A 군을 위해 각별히 신경을 썼습니다. 1학년 기말고사를 계기로 어머니는 A군이 친구들과 어울리지 않도록 늘 집에서 보호했습니다.

그런 와중에 학교에서 선배들이 후배들에게 상납금을 만들어 오라고 하여 3학년은 2학년을, 2학년은 1학년을 폭행하는 일이 벌어졌습니다.

가해학생이면서 피해학생인 학생들에 대해 학교는 엄격한 조치를 취하려 했고, 학생들의 부모들은 자녀의 잘못을 축소하려고 서로 눈치만 보는 상황이었습니다.

3학년 학생들에게는 전학 조치가 내려졌습니다. 그런데 A군과 같은 학년의 학생들은 앞으로도 얼굴을 보고 학교생활을 해야 하는 상황이 되었습니다.

A군은 예전에 어울렸던 학생들이 계속 함께 행동하기를 강요하고 은연중에 압박을 가하자 부모님과 이 학생들 사이에서 아주 힘들어하고 있습니다.

전화벨소리만 울려도 깜짝깜짝 놀라고 그 친구들과 느낌이 비슷한 학생들을 보면 움찔하는 반응을 보이고 있습니다. 밤에는 악몽을 꾸고 가위눌리는 것 같다고 합니다. 친구들에 대해 말하기도 두려워하고 무서워합니다. 심지어 몸을 부들부들 떨면서 불안 증세를 보이기도 합니다.

학교에서는 A군이 가해학생이기에 배려하는 부분이 전혀 없고, A군과 부모는 이 부분에 대해 무척 아쉬워하고 있는 상황입니다.

한순간의 잘못된 사귐으로 힘든 경험을 한 A군에게 또 다른 변화의 기회를 마련해줄 수 없는지, 또 다른 피해학생이 도움을 받을 수 있는 시스템은 없는지 답답하기만 합니다. 가해학생이면서 피해학생인 A군을 위해 부모가 할 수 있는 일이 별로 없어 가슴이 미어진다고 합니다.

A군의 상황은 가해학생에서 피해학생으로 전락한 사례로 볼 수 있습니다. 방과 후 아무도 없는 집에서 혼자 지내며 외로웠던 A군은 친구들과 어울려 다니다 보니 나쁜 형들을 알게 되었지요. 그렇게 무리지어 다니며 잘못된 행동을 보게 되고 결국 본인도 가해를 하게 되었습니다. 그러는 사이에 학교에서는 불량학생으로 분류하여 피해학생을 가해학생으로 취급하게 되었습니다. 피해학생인 A군은 정말 많이 속상했을 것입니다.

이제는 제자리로 되돌아오고 싶은데 학교에서는 믿어주는 존재도 없고, 이런 상황에서 학교생활을 해야 하는 A군은 정말 괴롭습니다. 하지만 이 위기를 잘 극복할 수 있어야 합니다. 이런 경우에는 부모님의 역할이 매우 중요합니다.

먼저 자녀의 괴롭고 복잡한 심정을 잘 다독이며 새로운 친구를 사귀어 안정된 학교생활을 할 수 있도록 기다려주어야 합니다. 특히 자녀의 말에 귀 기울이고 이해하는 마음을 보여주어야 합니다.

피해학생의 경우에는 심리적으로 많이 위축되어 있는 상황입니다. 위축된 심리상태에서는 학교생활과 일상생활을 예전처럼 할 수 없습니다. 따라서 전문상담기관에 방문하여 반드시 심리상담과 치료를 받을 수 있도록 부모님이 적극적으로 나서야 합니다.

이때 담임선생님은 전문상담기관이나 상담선생님을 연계해주어야 합니다. 주변에서 이해와 사랑으로 믿음과 지지를 보낸다면 피해학생은 이 상황을 잘 극복할 수 있습니다.

지속적인 따돌림으로 너무 힘들어요

- 사례 유형 : 따돌림
- 피해학생 : 총 1인(고 1, 여)
- 가해학생 : 초 · 중학교부터 아는 사이

　고등학교 1학년인 A양은 말이 없고 소심한 성격입니다. 외모에 콤플렉스를 느끼고 있어 교우관계에 어려움을 갖고 있었지요.

　그러다 보니 초등학교 때부터 몇몇 친구들에게서 계속 따돌림을 당했습니다. 중학교 때에는 집단 따돌림이 더욱 심해져 결국 견디지 못하고 전학을 가기도 했습니다.

　그런 딸을 보며 안타까워했던 A양의 어머니는 외모가 바뀌면 좀 나아질까 싶어 쌍꺼풀 수술을 해주기도 했습니다.

　하지만 고등학교에 진학하면서 상황은 더욱 심각해졌습니다. 초등학교 · 중학교 때 A양을 따돌렸던 친구들을 고등학교에서 다시 만나게 되었던 것이지요. A양은 1학기까지는 어떻게든 참고 다녔습니다. 그런데 2학기가 시작되면서 집단 따돌림이 더욱 심해졌습니다.

　수업 중에 종이를 던지거나 책을 숨기는 등의 괴롭힘은 기본이었습니다. 쉬는 시간마다 욕을 하기도 하고 괜히 째려보는 등, A양은 제대로 수업을 받지 못했을 뿐만 아니라 쉬는 시간이든 점심시간이든 늘 엎드려 있을 수밖에 없는 상황이 되었습니다. 그나마 한두 마디 말을 건네던 친구들과도 점점 멀어지고 A양은 항상 혼자 있게 되었습니다.

이뿐만이 아니었습니다. A양에 대한 따돌림은 점점 더 심해져 인터넷으로까지 이어졌습니다. A양에 대한 악의적인 소문과 욕설이 인터넷 사이트에 올랐습니다. 그러자 다른 학교 학생들까지 가세하여 인터넷 채팅방에서 A양을 노는 애라면서 놀려댔습니다.

너무나 괴롭고 힘든 A양은 다시 전학을 희망했습니다. 그러나 가해학생들이 전학을 가도 끝까지 쫓아가 괴롭힐 거라고 협박을 했습니다.

A양은 더 이상 학교를 다닐 수 없어 무단결석을 하게 되었습니다. 그런데 학교에서는 A양의 무단결석에 대해 전혀 다르게 판단했습니다.

A양이 따돌림의 피해자라기보다는 두발이나 여러 가지 면에서 품행이 단정하지 못하고 출석일수가 부족한 점 등을 문제 삼았습니다. 학교에 오지 않는 것이 따돌림이라기보다는 두발검사를 받기 싫어서라고 추측하면서 A양을 자퇴시킬 예정이라며 상당히 불쾌해했습니다.

담임선생님은 가해 측 학생들이 더 학교생활을 잘하고 말을 잘 듣는 학생들이라며 오히려 A양을 나무랐습니다.

급기야 A양의 부모님은 교육청에 전화를 하기도 하고 사이버 수사대에 자료 요청 전화도 했으나 자료를 보여줄 수 없다고만 했습니다. 등교 거부를 하던 A양은 결국 모든 일에 의욕을 잃게 되었습니다. 사람들과 말을 잘하지도 않고 탈모 증상도 나타났습니다.

대인기피 증상과 함께 늘 집에만 있어 잘 걷지 못하는 증상 등 외상후 스트레스 장애를 보이고 있습니다.

A양은 초등학교 때부터 따돌림을 당한 학생으로, 중학교까지 따돌림이 계속 이어지자 그 고통을 견디다 못해 결국 전학을 가게 되었습니다. 아마도 학교를 옮기면서 많이 힘들었을 텐데, 고등학교 때 다시 가해학생을 만났을 때는 마음이 무너져내리는 두려움과 우울함이 있었을 것입니다.

아니나 다를까, 기다렸다는 듯 2학기에 다시 따돌림을 당하더니 온라인상에서 사이버 폭력까지 당했습니다.

「학교폭력 예방 및 대책에 관한 법률 제2조 1의 3」에 따르면 '사이버 따돌림'에 대해 이렇게 정의하고 있습니다.

인터넷, 휴대전화 등 정보통신기기를 이용하여 학생들이 특정 학생을 대상으로 지속적·반복적으로 심리적 공격을 가하거나, 특정학생과 관련된 개인정보 또는 허위사실을 유포하여 상대방이 고통을 느끼도록 하는 일체의 행위를 말한다.

인터넷과 SNS의 급속한 발전으로 점점 사이버 따돌림이 증가하는 추세이기에 법률에도 그에 대한 정의를 언급한 것입니다.

A양은 초등학교 때부터 그 가해학생에게 당해왔기 때문에 고등학생이 된 상황에서도 어떻게 대처를 해야 할지 모르고 계속 피해를 당하고 있습니다. A양에게 학교폭력의 고통은 초등학교 때부터 계속 쌓인 고통입니다. 하지만 학교에서는 이러한 A양의 상황을 모르고 단순히 학교생활 태도를 문제 삼았을 뿐, 피해학생의 말에 귀 기울이지 않았습니다.

이럴 경우 A양과 부모님은 답답하고 어디에 도움을 요청해야 좋을지 막막하여 힘든 시간을 보내게 됩니다.

소심한 성격의 A양이 말을 잘 안 한다는 것은 그만큼 마음에 상처가 깊다는 메시지입니다. 마음의 상처 치유는 물론이고 탈모증상, 외상후 스트레스 장애에 대한 치료를 함께 해야 합니다. 초등학교 때부터 오랜 기간 피해를 당해왔기 때문에 치료 기간이 피해를 당한 기간만큼 걸릴 수도 있습니다.

하지만 분명한 것은 지금 당장 치료를 받아야 한다는 점입니다. 교육청과 사이버 수사대에 자료 요청을 했으나 거절당한 뒤 A양은 더욱 낙심하여 해결하려는 의지가 많이 상실되었습니다. 따라서 A양의 부모님은 사이버 폭력에 노출되었을 때 다음과 같이 대처해야 합니다.

첫째, 사이버 폭력의 증거를 곧바로 삭제하지 말고 일단 저장해

두었다가 사이버 수사대에 신고해서 해당 자료 삭제를 요청해야 합니다.

둘째, 사이버 폭력 발생 시 언제든 부모님이 지지자가 되어주어야 합니다. "학교에서 힘든 일이 생기면 언제든지 아빠·엄마가 도와줄 테니 걱정하지 말고 얘기해"라고 격려해주어야 합니다.

A양 자신도 사이버 폭력을 당하는 것이 자신의 탓이 아니므로 자책하지 말아야 합니다.

요즘 학교폭력의 따돌림 현상을 보면 오프라인에서 온라인으로 확대되고 있는 것이 특징입니다. 그렇기 때문에 부모님은 자녀에 대한 관찰이 더욱 필요하며, 피해학생도 따돌림을 당하면 즉시 부모님에게 도움을 요청하는 것이 중요합니다.

억울한 누명으로 신체폭행을 당했어요

- 사례 유형 : 신체폭력
- 피해학생 : 총 1인(고 1, 남)
- 가해학생 : 총 3인(고 1, 남)

고등학교 1학년에 재학 중인 K군은 평소에 말수가 적고 성격이 소심한 편입니다. 친구들에게 먼저 말을 건네지 못해 교우관계에서 어려움을 겪고 있었습니다.

학기 초에 같은 반 A군과 짝이 되었고 며칠 지나지 않아 A군의 지갑이 분실되는 사건이 발생했습니다. 이때 엉뚱하게 K군이 의심을 받게 되었습니다. 그러나 곧바로 지갑이 다른 곳에서 발견되어 K군의 의심은 풀렸지만 A군과 사이가 멀어지게 되었습니다.

그러던 어느 날, 다른 반 교실에서 B군의 MP3플레이어가 분실되는 사건이 일어났습니다. 평소 B군과 친하게 지내던 A군은 예전에 자기 지갑이 없어졌을 때 다른 곳에서 지갑을 찾긴 했어도 K군이 의심스러웠다며 5교시 수업 후에 B군과 C군을 데리고 K군에게 갔습니다. 그러고는 분실에 대해 A군, B군, C군은 K군에게 폭언을 마구 퍼부어댔습니다. K군이 계속 자신은 아니라고 주장하자 A군은 거짓말하지 말라며 K군의 얼굴을 주먹으로 때렸습니다. 무방비

상태였던 K군이 넘어지자 B군이 발로 K군의 얼굴과 배를 마구 걸어찼습니다.

순식간에 폭력이 벌어지자 주위에 있던 친구들이 싸움을 말렸습니다. 그래도 A군, B군, C군은 K군에게 폭언을 멈추지 않았습니다. 폭행을 당한 K군은 무척 고통스러운 표정으로 수업시간 내내 고개를 들지 못하고 웅크린 자세로 있었습니다. 차마 병원에 가지 못하고 온몸이 욱신거리는 고통을 참아가며 수업시간을 힘들게 버텼습니다.

다음날 K군은 학교에 가지 않았습니다. 학교에서 당했던 폭행의 두려움으로 공원과 PC방 등을 전전하며 시간을 보냈습니다.

K군의 어머니는 담임선생님에게서 K군이 등교하지 않았다는 전화를 받고 무척 불안해했습니다. K군은 저녁 늦게야 집으로 돌아왔습니다. K군의 아버지는 아들이 학교에서 폭행을 당했다는 이야기를 전해듣고는 매우 화가 나서 K군에게 폭언을 퍼부었습니다. K군은 방문을 걸어 잠그고 방에서 나오지 않았습니다. 그다음 날도 K군은 학교에 가지 않고 조용히 방에만 있었습니다. 그러다가 밤에 일이 터지고야 말았습니다. 그동안 아무 내색을 하지 않았던 K군이 갑자기 컥컥거리며 고통에 못 이겨 울음을 터뜨렸습니다.

K군의 부모는 상황을 파악하고는 K군을 병원에 데려가 검진을 받았는데, 그 결과 턱 골절에 따른 4주 상해진단이 나왔습니다. K군의 부모는 분통을 터뜨리며 가해학생인 A군, B군, C군을 경찰에 고소하고 말았습니다.

가해학생들의 부모를 만난 K군의 부모는 신체적 피해뿐만 아니라 정신적 피해보상까지 합의금 500만 원을 제시했으나 C군의 부모는 합의를 거부했습니다.

C군의 부모는 평소 K군의 아버지가 술을 먹으면 부인과 K군에게 폭력을 행사한다는 소문에 대해서 알고 있었습니다. 따라서 턱 골절 또한 상해의 원인 여부를 판단하기 어려운 부분이 있다고 주장했습니다.

하지만 A군, B군의 부모는 이 사건이 경찰에서 검찰로 송치되어 아이들이 처벌받을 것을 염려하여 본인들이 돈을 부담하여 합의하기를 원합니다.

상담 내용

K군은 정말 억울한 누명 때문에 신체폭행을 당하게 되었습니다. A군, B군, C군은 K군의 말을 믿지 않고 폭행과 폭언을 가했습니다. 친구들에게 억울하게 폭행을 당한 것만으로도 고통이 컸을 텐데, K군의 아버지는 K군에게 폭언을 하며 감정을 쏟아냈습니다. 이때 K군의 심정은 어땠을까요?

과연 누구에게 도움을 받을 수 있는 걸까요? 결국 K군은 자신이 할 수 있는 방식으로 대처했습니다. 가해학생들과 마주치지 않으려고 학교를 가지 않은 것은 자신을 보호하기는커녕 오히려 고통만 키운 결과가 되었습니다.

학교폭력을 당한 자녀가 가장 먼저 도움을 요청하는 사람은 부모님입니다. 따라서 부모님의 대처와 표현 방식이 매우 중요합니다. 피(가)해학생 부모가 주의해야 할 표현 방식에는 어떤 것이 있을까요?

첫째, 학교폭력 사건에 관한 이야기에 화를 내며 자녀를 무시하

는 말로 대응하지 말 것

둘째. 본인이 빌미를 제공했으니 피해를 당한 것이라고 말하지
말 것

셋째. 피(가)해 자녀에게 흥분하여 지나치게 감정적으로 말을 내
뱉지 말 것

넷째. 피(가)해 자녀 때문에 창피하다고 말하지 말 것

다섯째. 피(가)해 자녀의 현재 심리상태와 상황에 무관심으로 일
관하지 말 것

여섯째. 피(가)해 자녀는 잘못한 것이 없다고 무조건 두둔하지
말 것

이러한 학교폭력에 대해 경찰에 신고했을 때「학교폭력 예방 및
대책에 관한 법률」에 따라 피해학생이 보호받고 또 가해학생이 처
벌을 받는지, 여기에 이중처벌이 되지 않는지도 궁금할 것입니다.

「학교폭력법」은 피해학생의 보호, 가해학생의 선도와 교육 및
피해학생과 가해학생 간의 분쟁조정을 통하여 학생의 인권을 보호
하고 학생을 건전한 사회구성원으로 육성함을 목적으로 하고 있습
니다. 따라서 이 법은 학교 내외에서 발생하는 학생을 대상으로 하
는 폭력에 관한 일반법으로서 학교폭력이 발생하면 형사·민사상
의 절차와는 별개로 반드시 적용되는 법입니다. 그렇기 때문에 K
군의 사례처럼 형사·민사 소송은 별개로 진행하면서「학교폭력
법」을 적용해 피해학생 보호와 가해학생 처벌을 내릴 수 있습니다.

어울려 놀다가 치아가 부러지는 피해를 당했어요

- 사례 유형 : 저학년 신체폭력
- 피해학생 : 총 1인(초 2, 남)
- 가해학생 : 총 1인(초 2, 남)

초등학교 2학년인 피해학생 L군은 방과 후 운동장에서 친구와 어울리다가 줄넘기 줄에 걸려 넘어져 치아 2개가 부러지는 사고를 당했습니다. 그 장소는 계단으로 연결된 곳으로 L군이 고꾸라지듯 넘어지면서 얼굴이 바닥에 부딪쳐 치아가 부러지고 말았습니다.

L군의 부모는 속상했지만 아이들이 놀다가 생긴 일이라 그냥 넘어갔습니다. 그런데 상황을 자세히 파악해보니 L군이 이전에도 상대 학생에게 피해를 당한 사실을 알게 되었습니다. 이뿐만 아니라 가해학생은 다른 학생들에게도 짓궂게 굴었다는 이야기를 듣고 피해학생의 아버지가 문제를 제기했습니다.

L군의 부모는 가해학생이 L군의 목에 줄넘기 줄을 감아 당기고 장난을 심하게 해 그런 사고를 당했다고 주장하며 학교폭력 자치위원회를 열어서 처벌을 요청했습니다. 또한 학교 측의 안전관리 문제를 지적하면서 학생들의 안전을 위한 조치를 하지 않았다며 가만있지 않을 것이라고 했습니다.

학교 측에서는 초등학교 저학년 학생들의 경우 장난이 심한 탓에 그런 일이 벌어졌고 가해 의도는 없었다고 보았습니다. 가해학생 부모도 아이들끼리 놀다가 벌어진 일인데 L군의 부모가 너무 지나친 반응을 보인다며 자기 자녀의 잘못에 대한 시인이나 사과보다 문제 제기하는 것에 역정을 내었습니다.

조사 결과, 가해학생은 친구들에게 힘을 과시하려고 만만하게 보이는 학생에게 집적거리는 경향이 있었습니다.

이번 일을 계기로 학교에서는 학생들의 안전교육과 친구들 사이에 일어날 수 있는 사소한 다툼에 대해 지속적인 관심과 지도를 하겠다고 했습니다.

그런데 L군의 부모는 계속 문제를 제기하며 L군을 학교에 보내지 않고 있습니다.

학교 측에서는 L군이 피해를 당한 다음날 등교를 했고 별 문제없이 학교생활을 했는데, 오히려 부모가 L군을 등교시키지 않고 아이를 힘들게 한다며 난감해하고 있습니다.

하지만 L군의 부모는 어떤 식으로 진행을 해야 학생들이 학교생활을 잘하고 서로 힘들어하지 않을지에 대해 고민하고 있습니다.

피해학생 L군도 장난으로 시작했던 일이 커지게 되어 심리적으로 위축되고 또 많이 놀랐을 것입니다. 부모님이 화를 내고, 자신이 학교를 가지 않는 이러한 상황에 대해 일부는 자신의 탓인 것 같아서 마음이 무거울 수도 있을 것입니다.

피해학생들은 대부분 L군의 사례처럼 일이 커질까 두려운 마음에 신고를 꺼려합니다. 따라서 부모님은 자신의 감정이나 판단으로 자녀의 등교를 거부하거나 자녀가 보는 앞에서 학교 선생님과 가해학생 부모와 싸우는 행동은 자제해야 합니다.

특히 자녀가 L군의 사례처럼 저학년일 경우에는 더더욱 언행을 조심해야 합니다. L군의 현재 마음과 앞으로 어떻게 하고 싶은지 부모님이 먼저 자녀의 마음을 읽어야 합니다. 어린 자녀의 또래 사이에서 일어난 일이기 때문에 L군의 의사와 감정을 물어보고 지금 심정은 어떤지, 가해학생과 어떻게 지내고 싶은지, 등하교하는 것은 괜찮을지 등에 대해 충분한 대화의 시간을 갖고 처리하는 것이 중요합니다.

그러나 치료비 문제와 재발방지를 위한 해결방법을 찾는 것은 피해학생 부모와 학교, 가해학생 부모가 논의해서 대안을 마련하고 합의를 해야 하는 영역은 어른들의 몫입니다.

학교에서는 해당 학급이나 해당 학년에게 학교폭력 예방교육을 실시하는 것이 필요합니다. 장난도 학교폭력으로 될 수 있다는 것을 학생들이 인식할 수 있도록 교육을 하면서 재발방지에 대한 대안책 마련을 학교폭력대책자치위원회 위원들과 함께 모색하는 것이 필요합니다. 또한 담임선생님은 두 학생 사이에 어떤 변화가 있는지 살펴보고, 향후 대인관계에 혹시 지장은 없을지 등을 관찰해야 합니다. 특히 신체폭력 유형은 치료비 문제가 있기 때문에 치료비에 대한 처리절차도 알아야 합니다.

전문단체나 전문가로부터 '심리상담 및 조언, 일시보호, 치료 및 치료를 위한 요양'에 사용되는 비용은 가해학생의 부모님이 부담해야 합니다. 다만 피해학생의 신속한 치료를 위하여 학교장 또는 피해학생의 부모님이 원하는 경우 학교안전공제회 또는 시도교육청이 부담하고 이에 대한 구상권을 청구할 수 있습니다.

「학교폭력 예방 및 대책에 관한 법률」 시행령 18조에 따르면, 교육감이 정한 전문 심리상담 기관에서의 상담 및 조언에 드는 비용, 교육감이 정한 기관에서 일시보호를 받는 데 드는 비용, 18조에 의한 의료기관에서 치료를 받거나 의약품을 공급받는 데 드는 비용을 지원받을 수 있습니다. 하지만 피해학생의 정신적 피해보상금은 지원받을 수 없습니다.

따돌림,
이해와 사랑으로 바꿔 보세요

스물넷 미스코리아

이성혜

하나, 친구에게 소중한 자국으로 남길 바라며

5 빼기 3은 얼마일까요?

누구나 쉽게 알 수 있는 수학 문제입니다. 당연히 답은 2입니다. 그러면 그 의미를 재미있게 풀어보면 어떨까요? 웬 뚱딴지같은 소리냐고요? 잠깐만요.

"오해가 생길 때 상대방 입장에서 세 번만 더 생각하면 이해가 된다!"

"입장을 바꾸어서 생각해보라"는 역지사지易地思之와 같은 의미인데 상대방을 이해하면 화합할 수 있다는 사자성어입니다.

그럼 2 더하기 2는 얼마일까요? 당연히 4인데 여기에서도 재미있게 의미를 부여하면 "이해하고 또 이해하면 사랑이 된다"라고 해석할 수 있습니다. 얼마 전 친구에게 들은 말인데 정말 마음 깊이 새기며 살아야겠다고 생각했죠.

내가 오래 산 것은 아니지만 어린이 여러분, 청소년 여러분보다는 나이가 좀 더 많고 그만큼 쌓아온 경험이 많기에 그 말에 깊이 공감합니다.

사람은 살아가면서 원하든 원하지 않든 다양한 인간관계를 맺고 살아갈 수밖에 없다는 것이지요. 생각해보세요. 태어나자마자 부모 형제는 물론이고, 부모를 중심으로 친척관계가 형성이 됩니다. 게다가 유치원·초등학교·중학교·고등학교에 진학하면서 수많은 친구들과 선생님, 그리고 학원이나 동아리 활동을 하면서도 다양한 인간관계를 맺게 됩니다.

그 관계는 스쳐 지나가는 경우도 있지만 평생을 함께하는 소중한 사람들과의 만남과 그 과정이 포함됩니다. 그리고 그 과정을 보면 언제나 평탄하고 원만한 관계가 유지되는 것은 아니지요. 아무리 친한 친구라 하더라도 오해가 생겨 말다툼을 하기도 하고, 이상한 헛소문으로 관계가 어긋나기도 합니다.

그런데 참 이상하지요? 시험 성적이 안 좋아 부모님께 꾸중을 듣고 나면, 앞으로 열심히 해서 성적을 올리겠다고 마음먹고 공부하면 나름 금방 풀리기도 합니다.

하지만 주변의 친구들과의 관계가 어색하고 이상해지면 쉽게 풀리지 않습니다. 수업시간에도, 쉬는 시간에도, 잠자려고 할 때에도 머리에서 맴맴 돕니다. 상처를 받았다는 생각에 화가 나서 분이 풀리지 않는 경우도 있습니다. 정말 친한 친구 사이인데 조금만 더 참지 못하고, 친구를 이해하지 못한 자신이 원망스럽기도 합니다.

그러다 5 빼기 3, 2 더하기 2처럼 친구 중에 한 명이 먼저 다가와 사과를 하거나 진심을 얘기하면 한없이 기쁩니다. 그동안 고민했던 문제가 싹 풀리듯, 비 온 뒤에 땅이 더 굳어지듯 그 친구와의 관계가 더욱 좋아집니다. 그러고는 서로의 꿈과 목표를 격려하며 어려울 때 서로 위로해주고 도움을 주며 평생 함께하자는 약속도 주고받습니다.

이렇게 친구는 사람들과의 관계 중에서 부모 형제만큼 더없이 소중합니다.

그런데 요즘 학교에서의 친구관계를 보면 좋은 경우도 있지만, 그렇지 않은 경우가 참으로 많다고 합니다. 아주 사소한 일로 서로에게 상처를 주는가 하면, 심지어 무리를 지어 한 학생을 집단으로 따돌림하면서 괴롭힌다고 합니다. 확인되지 않은 사실을 퍼뜨려 그 학생을 궁지로 몰아넣어 더 이상 학교생활을 할 수 없게 한다고 합니다.

이 세상을 살아가는 우리의 삶은 모두 소중합니다. 가난한 친구도, 공부 못하는 친구도, 힘이 약한 친구도 행복하게 살 권리가 있습니다. 내 삶과 꿈이 소중하듯 다른 사람의 삶과 꿈도 소중합니다. 누구도 다른 사람의 인생을 짓밟을 권리가 없습니다.

비록 재능이나 능력이 부족하지만 열심히 자기 길을 가려는 친구에게 박수를 쳐주고 격려를 해주어야 합니다. 그 친구가 열심히 노력해서 자신의 역할을 성실히 수행할 수 있도록 북돋아주어야 한다는 뜻이지요.

깊은 상처는 비록 아물더라도 자국이 남습니다. 자국이 남는다는 것은 그 상처가 마음 깊이 새겨져 쉽게 잊히지 않는다는 뜻입니다. 그렇다면 내 마음이나 나와 관계를 맺은 사람의 마음에 어떤 자국이 새겨져야 할까요? 아름답고 행복하고 즐거웠던 소중한 자국이 서로에게 새겨졌을 때 우리의 인생에 활기가 넘치지 않을까요?

오해를 풀고 이해와 사랑으로 친구관계를 맺기 바랍니다. 한때 집단 따돌림과 왕따가 되어 아픈 추억이 있는 나의 이야기를 통해 여러분도 친구에게 소중한 자국이 되었으면 합니다.

둘, 행복했지만
강박감에 시달린 어린 시절

의사인 아버지는 내가 어릴 때부터 항상 이렇게 말했습니다.

"나보다 어려운 사람을 그냥 지나쳐서는 안 된다. 그들에게 희망이 되어주자."

독실한 기독교 신자인 우리 가정은 여느 평범한 가정보다 '사랑의 실천'이라는 믿음에 매우 철저하고 엄격했습니다. 아버지는 아버지의 개인적인 행복보다는 다른 사람들의 물질적 · 정신적 채움에 더 신경을 썼습니다.

하지만 나는 아버지의 그런 헌신과 사랑 속에서 조금씩 틈을 만들고 있었습니다. 겉으로 보기에는 정말 부족함이 없는 가정이었습니다. 경제적으로 부족함이 없었던 환경 탓에 나는 내 또래가 할 수 있는 것 이상의 모든 것을 할 수 있었습니다.

어린 나이에 뭐가 그리 좋았는지 바이올린의 낯선 선율이 마음에 들었습니다. 보통 여자아이들이 가지고 노는 바비 인형보다 바이올린을 더 자주 만지작거리며 낑낑대며 배웠습니다.

"엄마, 오늘은 바이올린 선생님에게 칭찬받았어."

"그래? 우리 성혜는 정말 음악에 재능이 있는 것 같아. 성혜야, 그러니까 무용도 해보면 어떨까?"

하루 종일 어깨를 세우고 뻣뻣한 자세로 바이올린을 연습하는 나에게 어머니는 무용을 권했습니다. 어린 나이에 무용까지 하면 꽤 힘었을 텐데 그래도 나는 몸을 자유자재로 움직일 수 있는 무용이 신기했습니다.

'손을 둥글게 뻗어 머리 위에 두고 발끝을 세워 힘을 주면 뱅글뱅글 돌고…….'

무용을 할 때마다 내가 마치 동화 속에 나오는 공주님 같았습니다. 일주일에 두 번씩 백화점이 있는 건물 1층의 교습소에서 레슨을 받았습니다.

무용이 있는 날에는 괜한 두근거림과 설렘으로 일찍 눈이 떠졌습니다. 팔락거리는 무용복을 입고 아침부터 촐랑거리며 뛰어다니는 내 모습이 뭐가 그리 우스운지 아가였던 동생은 까르르 웃음을 터뜨렸습니다. 그런 동생이 귀여워 바이올린인 양 어깨에 안아 빙

글빙글 춤을 추다가 어머니에게 핀잔을 듣기도 했지요.

어릴 때 나는 예쁘다는 얘기를 꽤 많이 들었던 것 같습니다. 어머니와 물건을 사러 가면 매장에서 일하는 언니들이 나에게 공주 같다며 머리를 쓰다듬었던 일도 기억납니다.

어렴풋하게 떠오르는 장면은 내가 네 살 때 리틀 미스코리아로 상을 받은 일입니다. 지금도 책장에 놓여 있는 작은 액자에는 티아라 모양의 왕관을 쓰고 사람들을 향해 손을 흔드는 내 사진이 있지요.

이렇게 어릴 때 나는 주위 사람들의 시선을 한 몸에 받으며 자연스럽게 접하게 된 음악가의 꿈을 키우며 행복한 하루하루를 보냈습니다.

하지만 비록 어린 나이였어도 나름 왠지 모를 심리적 부담감이 있었습니다. 항상 남들보다 엄격하게 우리를 대하셨던 아버지에게 인정받고 싶은 마음이 앞섰습니다.

아버지는 섣불리 칭찬을 하지 않는 신중한 분이셨기에 뭔가를 잘해서 아버지를 더 웃게 하고 싶었고, 더 인정받고 싶었습니다. 그리고 어쩌다 내 모습에 환하게 웃으시며 자랑스러워하는 아버지를 보면 '인정받았다'는 생각과 함께 기뻤습니다. 그런 마음이 있어서인지 초등학교를 들어가기도 전에 스스로 뭔가를 해야 한다는 강박감에 시달리기 시작했습니다.

아버지는 남다른 신앙심을 다양하게 보여줬습니다. 특히 사회봉사에 열정이 많았는데 본업인 의료 활동으로 그 뜻을 펼쳤습니다. 주일 교회 청년부의 선생님으로 사역하면서 종종 해외 의료 봉사 활동에도 참여하셨지요.

청년부 예배가 끝나면 우리 집에서 조촐하게 간식 시간을 가졌기 때문에 집에는 항상 교회 언니와 오빠들로 북적거렸습니다.

초등학교 저학년인 나보다 다섯 살 이상 많은 언니, 오빠들에게 아버지는 장래의 고민과 진로에 대해서 상담을 해주기도 했습니다. 가정환경이 어려운 대학생 언니, 오빠들에게는 병원에 아르바이트 자리를 마련해주기도 했지요. 그런 아버지를 볼 때마다 나는 의문이 생겼습니다.

'아버지와 가장 가까운 딸인 나도 고민이 많은데, 왜 나한테는 묻지 않으시지?'

그렇게 생각할수록 나는 아버지의 관심이 온전히 나에게 있지 않다는 사실을 깨달았습니다. 그럴수록 나는 아버지의 시선을 한 번이라도 더 끌기 위해 부단히 노력을 했습니다. 그래서 초등학교 1학년부터 '이렇게 하면 아버지가 나를 봐주시지 않을까?' 하며 스스로 이불을 개고, 학교에서 내주는 숙제도 미루지 않고 착실하게 했습니다.

"아빠, 오늘 나 이불 개고 숙제도 다해 놓고 동생도 봐줬어요."

"이제 초등학생인데 당연하지."

그 정도의 노력으로 아버지에게 관심을 받는다는 것은 욕심이었습니다. 자신의 모든 일을 철저하게 관리를 하시는 분이기에 내가 한 일은 비록 어린 나이일지라도 당연히 해야 하는 일에 지나지 않았습니다.

나의 기대는 번번이 물거품이 되었지요. 이뿐만 아니라 아버지는 물질적으로도 마찬가지였습니다.

"성혜야, 모든 일에는 그만한 이유와 목표가 있어야 한단다. 배우는 것도 그렇고, 물건을 하나 사는 것도 마찬가지야. 왜 배우는지, 물건이 왜 필요한지, 혹시 낭비하는 것은 아닌지 꼭 생각해야 한단다."

아버지는 나의 바이올린과 무용복에는 돈을 아끼지 않으셨습니다. 하지만 사소한 물건에는 사치를 금했습니다.

한번은 '마술 크레용'이 너무 가지고 싶어서 아버지에게 사달라고 떼를 쓴 적이 있었습니다. 집에 있는 평범한 크레용과는 달리 한번 칠할 때 세 가지 색상이 알록달록 나오는 크레용이었지요. 귀여운 딸이 떼를 쓰고 그리 비싸지도 않아 사줄 만도 한데 아버지는 집에 있는 크레용을 다 쓰면 사주겠노라고, 왜 있는 것을 또 사냐며 야단을 쳤습니다.

"성혜야, 너는 잘 모르겠지만 하다못해 학교에 급식비를 내지 못해 굶는 학생들이 얼마나 많은지 아니? 아프리카나 북한의 어린이들이 굶주리는 사진 못 봤어?"

아버지에게 그런 얘기를 들으면 한편으로는 부끄럽기도 했지만 또 한편으로는 서럽기도 했습니다. 아버지의 관심에서 내가 밀려난 것 같아 화가 나고 서글펐습니다. 초등학생이었지만 분명 이런 일은 나만 겪는 상황이 아닐 것입니다.

하지만 어찌 보면 보통의 초등학생이 겪을 수 없는 상황들이 많았기에 나는 주변 친구들보다 일찍 성숙해졌습니다. 당시 나의 용돈은 하루에 천 원이었습니다. 물론 공짜가 아니었습니다. 하루에 성경 글귀 한 줄씩 외워야만 용돈을 주셨지요.

그 용돈을 필요한 만큼만 쓰고 나머지는 저금통에 넣어 나만의 통장을 만들었습니다. 그러다 보니 어느덧 조기 유학을 가게 될 시점에는 제법 많은 돈을 모았습니다.

아버지는 내가 초등학생일 때부터 이렇게 돈에 대한 개념을 확실히 심어주었습니다.

'돈이란 한번 들어가면 나오기는 힘든 것, 한번 쓰기 시작하면 다시 채우기 힘든 것'임을 알게 되었고 그렇게 나는 일찍 어른스러워졌습니다.

아버지는 이뿐만이 아니었습니다. 내가 좀 더 큰 세상에서 배우시길 원했습니다. 아버지는 당신의 관심에서 큰 부분 중에 하나가 바로 나라는 사실을 드러내지 않았지만, 지금 생각하면 아버지는 정말 큰 결단을 내리셨습니다. 내가 초등학교 3학년 때였지요.

"성혜가 바이올린에 소질이 있지만 한국의 음악적 환경이 미국이나 유럽에 비해 뒤처지는 것이 사실이기에 재능을 펼치기 어렵습니다. 어린 나이이지만 조기 유학을 생각하는 것도 성혜를 위해서는 한 방법일 것 같습니다."

바이올린 선생님의 조언과 권유는 마치 미개척지를 발견한 콜럼버스처럼 아버지의 마음에 불을 댕겼습니다. 청도교의 청렴함과 도전정신을 마음 깊이 간직하셨던 아버지는 방학 때 당장 나와 어머니를 캐나다로 보내주셨습니다.

그리고 캐나다 밴쿠버에서 가장 좋다는 음악학교에 나를 입학시키기 위해 애를 쓰셨지요.

2년의 준비 끝에 마침내 나는 밴쿠버행 비행기 티켓을 손에 쥐고 출국장 앞에서 부모님과 이별을 했습니다.

'Hellow!' 밖에 모르는 나는 홀로 비행기를 타고 유학길에 올랐습니다. 열세 살, 초등학교 5학년 때였습니다. 비록 불안하기는 했지만 달콤한 이별이었습니다.

당시 어린 나이였기에 혼자라는 두려움과 의사소통이 전혀 되지 않는 답답함에 불안이 앞섰습니다. 하지만 한국인 목사님 집에 도착하여 나만의 방에 들어왔을 때에는 묘한 해방감을 느꼈습니다. 그리고 그동안 나의 어른스러움도 유학길에 올라서야 겉멋에 지나지 않은 불안한 껍데기였음을 깨달았습니다.

넷, 처음으로 느낀 자유와
단짝 친구의 만남

유학을 떠나기 전 나는 경제적인 풍요로움 속에서도 아버지의
엄격한 생활태도와 어머니의 기대 속에서 또래 친구들과는 조금은
다른 생활을 했습니다. 착한 딸, 착한 누나의 역할도 나름 최선을
다했습니다. 하지만 돌이켜보면 정신적으로는 무언가 부족한 삶이
었습니다.

한국에서 나는 방과 후 일주일에 세 번 바이올린과 무용 레슨을
받았습니다. 집에 오면 뒤뚱거리며 사방을 휘젓고 다니는 세 살배
기 동생과 놀아주는 일이 전부였습니다. 친구도 많지 않았습니다.
기껏해야 같이 바이올린 레슨을 받는 친구들이나 교회 친구들뿐,
이른바 단짝이라고 말할 친구가 없었습니다. 사귈 기회도, 시간도
많지 않았기 때문이지요. 그랬기에 덜컥 밴쿠버에 도착했을 때 나
는 언어에 대한 두려움보다 어떻게 여기서 친구를 사귈 수 있을까
하는 두려움이 더 컸습니다.

내가 머문 곳은 이민 온 지 10년 된 목사님 부부의 집이었습니
다. 할리우드 영화에서나 볼 수 있는 아름다운 풍경이었습니다. 집
안에 계단이 있고, 다락방도 있는 아담하고 예쁜 이층집이었습니
다. 내 방은 이층 복도 끝 왼쪽에 있었지요. 침대와 화장대 사이에
초록색의 큰 창이 있어 하루 종일 뒹굴며 햇살을 쬘 만큼 밝고 포근
한 방이었습니다. 목사님에게는 한국에서 영어 교사로 근무하는

외동딸이 있었습니다. 그래서인지 어린 나이에 혼자 타국에 온 나를 정말 딸처럼 다정하게 대해주었습니다.

"성혜야, 아무 부담 갖지 말고 편하게 지내며 열심히 공부해. 알았지?"

포근한 미소로 다정하게 건네는 목사님 부부의 말에는 아버지에게 없는 털털함이 있었습니다. 가끔 장난기 어린 두 분의 웃음은 나의 긴장된 마음을 사르르 녹여주었습니다. 처음 밴쿠버에서 나의 일과는 아주 단순했습니다. 오전과 오후에는 어학원을 다니며 영어공부를 했고, 이른 저녁에는 '리버'와 동네 산책을 했습니다. 리버는 목사님 부부의 자식 같은 강아지이지요. 집 근처 강가에서 떠돌던 유기견인데 목사님 부부가 데려다 키웠다고 합니다.

나는 리버의 금빛의 긴 털과 반짝이는 검은 두 눈망울을 보자마자 어쩌면 그리도 귀여운지 푹 빠졌습니다. 리버와의 동네 산책은 밴쿠버에서의 나의 시작을 산뜻하게 축하해주듯 언제나 즐겁고 행복했습니다. 마음속 걱정과는 달리 밴쿠버의 생활은 하루하루 활기찼습니다. 비록 부모님이 안 계신 타국이었지만 처음 느끼는 자유로움도 좋았고, 비로소 단짝 친구를 만났기 때문입니다.

"음, 너 한국에서 왔다며? 반갑다. 나는 이혜리야. 앞으로 사이좋게 지내자."

이혜리! 밴쿠버 음악학교의 같은 반에서 같은 바이올린을 연주하는 동갑내기 친구를 만난 것입니다. 파란 눈이 가득한 교실에서 유일한 한국인 친구였지요. 음악학교에 입학했을 때 수줍게 영어로 더듬거리며 자기소개를 하는 나에게 싱긋 웃으며 손을 번쩍 흔든 친구도 혜리였습니다. 점심시간에 선뜻 밥을 함께 먹자며 나의 손을 이끈 친구도 혜리였습니다.

웃으면 눈이 반달 모양으로 귀엽게 바뀌어 그 모습만 봐도 웃음이 절로 나오는 친구였습니다. 나와 키도 엇비슷하고 머리카락 길이와 생김새도 비슷해 반 친구들은 트윈스라고 부르며 우리를 하나로 엮어버렸습니다.

"야, 너희는 정말 쌍둥이 같아."

캐나다 친구들이 그럴 때마다 기분이 나쁘기는커녕 엄청 좋았습니다. 나에게도 단짝이라고 부를 수 있는 친구가 생겼기 때문입니다. 이성혜, 이혜리! 한 글자만 다른 이름인 우리는 처음부터 죽이 착착 잘 맞았습니다.

혜리는 유학생활을 시작한 나에게 정말 친절하게 대해주었습니다. 학교 선생님들의 별명과 특징을 엄청나게 재미있게 설명했고, 다른 반에 있는 한국 친구들도 소개시켜줬습니다. 그리고 학교 식당에서 가장 맛있는 음식을 주문하는 법도 알려주었습니다. 코카콜라의 영어식 발음과, 사이다 대신 스프라이트를 먹는다는 것도 모두 혜리 덕분에 알게 된 상식이었습니다.

유학생활을 시작하면서부터 나는 혜리 덕분에 자연스럽게 한국 친구들과 어울리게 되었습니다. 같은 한국인이라는 동질감과 음악을 함께 공부하는 공통점은 우리를 똘똘 뭉치게 하는 데 충분한 요소였습니다. 수준별 레슨이 끝나고 오후 5시가 되면 우리는 어김없이 서로 팔짱을 끼고 학교 근처 샌드위치 가게에서 미트볼 샌드위치나 튜나 샌드위치를 사들고 잔디밭으로 향했습니다. 나, 혜리, 미라, 지영 이렇게 넷은 하나의 커뮤니티를 형성했습니다.

목사님 집에서 유일한 규칙은 무슨 일이 있더라도 외박은 금지, 외출은 오후 7시 전까지인데 초등학생인 나에게는 그리 까다롭지 않았습니다. 오히려 나의 모든 일을 간섭하려는 부모님과는 다른, 아주 다른 느슨한 규칙이었지요.

처음 밴쿠버에 왔을 때에는 거의 매일같이 부모님과 통화를 하며 한국을 그리워했지만, 단짝 4인방이 생기고 리버가 내 뺨을 비비며 장난을 칠 때에는 오히려 부모님의 전화가 귀찮아지기도 했습니다.

그것은 나에게 엄청난 변화이기도 했습니다. 밴쿠버에서의 생활, 아니 그동안 느끼지 못했던 친구들과의 우정은 처음 접하는 자유였습니다. 누구에게 잘 보여야 한다는 강박감, 일등이 되어야 한다는 중압감도 훌훌 털어버렸습니다. 그냥 웃고 떠들고 즐기기에도 바쁜 하루하루를 보냈습니다.

지금 생각하면 당시 나의 영어 실력이 늘지 않는 데에는 이유가 있었습니다. 한국말을 사용하는 목사님 집, 그리고 한국인 친구들과 어울려서 지내니 영어 공부가 지지부진할 수밖에요. 게다가 집중력이 떨어져 레벨 3 정도의 바이올린 실력이었지만, 그 정도면 한국에 있어도 충분히 갖출 만한 실력이었습니다. 하지만 나는 아직 놀 수 있는 권리가 있는 초등학생이라는 변명으로 정말 마음껏

놀았습니다. 내가 왜 이곳에 홀로 유학을 왔는지 까맣게 잊은 채 어느덧 중학생이 되어 있었습니다.

다섯, 즐겁고 행복했던 밴쿠버 학창시절

초등학교와 같은 재단인 중학교에 진학했습니다. 우리 4인방도 모두 같은 중학교로 진학을 했지요. 달라진 점이 있다면 중학교 바이올린 반에 유학 온 한국인 친구들이 몇몇 더 생겼습니다. 그러자 우리 4인방은 곧 8인방이 되었고 시간이 지나면서 손에 꼽을 수 없을 정도로 모임이 북적거리기 시작했습니다.

한국에서의 소극적인 이성혜!

밴쿠버에서의 활발한 이성혜!

나는 점점 활발한 이성혜로 친구들 사이에서 사교 퀸으로 불리기 시작했습니다. 생각해보면 사실 원래부터 소극적인 아이가 아니었던 것 같습니다. 오히려 사소한 것에 잘 웃고 개구쟁이처럼 친구들과 어울리는 아이였습니다. 그런데 아버지의 엄격함으로 움츠러들었고 완벽해져야 한다는 강압감에 친구들에게 선뜻 먼저 다가가지 못하는 성격으로 되었던 것이지요.

하지만 캐나다 밴쿠버의 이성혜가 있는 곳에는 어디에나 친구가 있었습니다. 아니, 친구들이 있는 곳에는 항상 이성혜가 있다고 할 정도로 나는 누구와도 친하게 지냈습니다. 그러다 보니 영어 실력에 자신이 없어 말을 못 붙이던 캐나다 친구들과도 스스럼없이 대화하고 과제에 대해 이야기 나눌 수 있을 정도로 많은 발전을 했습니다. 여자 친구들만 있었던 초등학교와 달리, 중학교에는 남자친구들도 있었습니다. 그중에 특히 진혁이와 동준이가 우리 여자친구들과 친하게 지냈습니다.

중학교에서도 여전히 나의 베스트 프렌드는 혜리였습니다. 옷을 함께 사서 나눠 입고, 머리도 함께 하고, 화장실도 함께 가는 단짝 친구! 우리의 우정은 거대한 성벽인 양 그 누구도 무너뜨리지 못할 것 같았습니다. 혜리는 부모님과 함께 이민을 온 이민 세대입니다. 그래서 가끔 혜리네 집에 가서 밥을 먹으며 과제를 하곤 했습니다. 모두가 인정하는 자타공인의 단짝! 그 당시 나에게 세상의 중심은 혜리와 친구들이었습니다.

하지만 이런 자유로운 생활도 꼬리가 길면 잡히듯이 집에서 염려의 전화가 오기 시작했습니다. 생각보다 부진한 중학교 성적 때문이었습니다. 항상 하나님이 인도하시는 과업을 잊지 말라는 아버지와 바이올린과 무용을 게을리하지 말라는 어머니의 당부가 부담이었지만, 친구들과의 달달한 우정은 부모님의 당부를 삭막한 사막처럼 바꿔놓기에 충분했습니다.

내가 지금 즐겁다는데 왜 자꾸 잔소리를 하시지?

아버지는 나보다 하나님이 더 중요하신가?

점점 부모님이 원하는 유학생활과 멀어지는 나를 발견하면서도 애써 외면했습니다. 그러자 친구들에게 의지하는 시간도 차츰 많아졌습니다. 하지만 한창 사춘기를 겪는 친구들 사이에서 이성의 감정이 싹트면서 조금씩 균열이 나타나기 시작했습니다.

사실 내가 남자애들에게 주목을 받은 것은 그곳이 처음은 아니었습니다. 리틀 미스코리아에 나갈 정도로 이목구비가 뚜렷하고 큰 키 덕분에 어딜 가나 장난 식으로, 또는 진심으로 남자애들에게 사귀자는 고백을 받았습니다. 하지만 친구면 친구지, 이성 친구에는 특별히 관심이 생기질 않았습니다. 한국에서나 캐나다에서 중요한 것은 남자친구가 아닌 다른 것들이었습니다.

당시 한국 친구들 사이에서 '똥준이'로 통하는 동준이는 도수 높은 안경에 더벅머리, 한마디로 인기 있는 스타일은 아니었습니다. 남자친구를 사귄다면 차라리 진혁이 같은 애랑 만나는 것이 낫다고 생각했지요. 진혁이는 똥준이와는 정반대로 훤칠한 키에 오른쪽 보조개가 쏙 들어가 웃을 때마다 제법 마음 설레게 하는 아이였습니다.

"성혜야, 나 너 좋아해. 남자친구로 사귀고 싶어."

"뭐라고? 됐어. 지금처럼 지내. 나 남자친구엔 관심 없어."

난 거절을 했지만 불편한 마음에 혜리에게 동준이의 고백을 말했습니다.

"야, 동준이가 너를 좋아한데? 잘됐다. 잘 사귀어봐."

혜리는 눈을 동그랗게 뜨고 정말 잘됐다며 축하한다고 했습니다. 내가 거절했다는 말을 하기도 전에 혜리가 자기는 진혁이가 좋다며 수줍게 고백했습니다.

'나도 진혁이가 좋은데……'

혜리의 말을 듣는 순간 나도 진혁이에게 마음이 있다는 것을 느꼈습니다. 하지만 차마 말을 하지 못했습니다. 어차피 진혁이가 나를 좋아하는 것도 아니고 단짝친구인 혜리가 좋아한다는데 굳이 말할 필요가 없었지요.

여섯, 열네 살,
아직은 어리기만 했던 생활

그때까지는 별것 아니라고 생각했습니다. 그런데 그 이후로 꽈배기처럼 일이 꼬이기 시작했습니다. 전혀 예상하지 못했는데 동준이가 고백하고 나서 2주 후 진혁이에게 고백을 받았습니다.

"성혜야, 나 너 좋아해. 우리 이성친구로 사귀자."

방학이 곧 시작되어 성적이 부진한 아이들에게 보충수업을 통지한 날이었습니다. 나도 그 중에 포함되었습니다. 보충수업은 학기수업과 마찬가지로 절대 빠져서는 안 되는 정규 수업입니다. 진혁이의 고백은 나에게 정말 큰 부담이었습니다. 설사 사귀고 싶어도 단짝친구인 혜리가 진혁이를 좋아하기에 성급하게 그럴 수가 없었습니다.

'어쩌지? 내가 진혁이와 사귀든 안 사귀든 혜리에게 얘기해야 하는데.'

한창 이성친구에 민감한 사춘기, 마음에 드는 진혁이의 고백은 고민 이상으로 힘든 상황의 연속이었습니다.

더구나 혜리에게 곧바로 말하지 못하고 혼자 고민하게 된 것도 이유가 있었습니다. 방학이 되면 혜리가 부모님과 짧게 여행을 간다고 해서 나도 함께 가기로 했습니다. 혜리는 가까스로 방학을 즐길 수 있는 자유를 얻었지만 나는 그렇지 못하고 보충수업을 해야 했기 때문이지요.

결국 혜리는 여행을 떠났고 나는 진혁이와 이러지도 저러지도 못하는 어색한 상태로 보충수업을 들었습니다. 사랑보다는 우정과 의리가 중요했던 열네 살의 나는 진혁이를 보는 것이 너무 힘들었습니다. 그래서 하루 이틀 보충수업에 늦게 가거나 빠지게 되었습니다.

그러자 또 다른 상황이 전개되었습니다. 캐나다의 학교는 결석에 대해서 굉장히 엄격했습니다. 하루만 빠져도 경고장을 보내고 이틀 이상 빠지면 집으로 전화를 합니다. 처음에는 목사님 사모님이 학교에 조치를 해주겠다고 얘기하고 나를 다독이셨습니다.

"성혜야, 무슨 일 있니? 누구나 학교에 빠질 수는 있어. 그런데 그게 반복되면 영원히 가지 못하는 곳도 학교야. 그냥 넘어갈 수 있지만 너를 위해 작은 벌칙을 줄게. 할 수 있지?"

관대한 사모님과 목사님은 일주일 동안 리버 목욕시키기, 밥 주기, 똥 치우기 등 리버의 모든 것을 보살피는 것으로 나에게 벌을 주셨습니다.

나에게는 벌이 아닌, 평소에도 해왔던 별것 아닌 벌칙이었습니다. 그런데 생각과는 달리 일이 심상치 않게 벌어졌습니다. 부모님이 밴쿠버에 오신다는 연락을 받았고, 두 분이 밴쿠버에 오신 날은 리버의 벌칙 마지막 날이었습니다.

학교에서 한국에 전화하여 부모님의 출석을 권유했다는 것입니다. 부모님은 오시자마자 다그쳤습니다.

"이성혜! 어린 나이지만 너를 유학 보낸 건 네가 잘할 수 있다는 믿음이 있었기 때문이야. 그런데 성적은 그렇다 치고 학교를 빠지다니, 도대체 왜 그런 거니?"

"……."

어머니의 말에 아무 대답을 못하자 이번에는 아버지가 다그치기 시작했습니다.

"네가 이렇게 행동하는 것은 죄를 짓는 일이야. 네가 여기로 유학 온 목적이 뭐니? 음악공부를 하러 온 거잖아. 보다 좋은 환경에서 네 꿈을 이루기 위해 온 거잖아. 그런데 이게 뭐야?"

아버지의 꾸지람이 끝났습니다. 하지만 그때 나는 더 이상 한국에서의 고분고분한 딸이 아니었습니다. 예전보다 담대하고 커진 자신감으로 나는 처음으로 부모님에 커다란 목소리로 내 의견을 말했습니다.

"아빠 엄마는 나를 어른으로 생각하나 본데 중학교 1학년밖에 안 된 애잖아요. 나도 성진이처럼 어리광도 부리고 때로는 학교도 빠지고 싶은 열네 살이란 말이에요."

처음으로 하고 싶은 말을 마구 쏟아버리니 마음이 홀가분해졌습니다. 하지만 금방이라도 울음을 터뜨릴 것 같은 어머니와 침울한 아버지의 표정을 보자 이내 마음을 무거웠습니다. 함께 생활하며 나를 지켜본 목사님과 사모님은 나를 두둔해주었습니다.

"성혜 아버님, 어머님. 성혜는 장점이 많은 아이입니다. 이 아이가 가진 밝음과 따뜻함이 친구들에게 큰 도움이 됩니다. 지금은 비록 학업이 부진하지만 큰 가능성을 가지고 있으니 마음을 다잡을 수 있게 지켜봐주시면 어떨까요? 저희도 성혜가 마음을 다잡을 수 있도록 잘 보살피겠습니다."

사실 어머니는 본성이 따뜻하고 정이 넘치는 분입니다. 관계를 중요하게 여겨 항상 나와 성진이에게 누구에게든 따뜻하게 인사하는 습관과 배려하는 자세를 가르쳐주었습니다. 그리고 늘 나에게 우리 성혜처럼 예쁘고 사랑스러운 딸은 없다며 이 엄마는 복 받은 사람이라고 했습니다. 그런 어머니가 나에게 일등이 되어야 한다는 압박감을 주게 된 것은 성과지향적인 아버지의 영향 때문이었습니다.

아버지는 항상 일정한 목표를 가지고 그것을 달성해야만 과정까지도 인정을 받는 거라며 늘 말했습니다. 만약 실패하면 그동안의 과정이 모두 휴지조각보다 못한 것이 될 수도 있다고 강조하셨지요. 아버지가 완벽함을 요구할 때마다 나는 너무도 견디기 힘들었습니다.

그런데 그날, 그런 아버지가 내 앞에서 눈물을 흘리셨습니다. 애써 눈물을 거두신 아버지는 이렇게 말씀하셨지요.

"성혜야, 내가 야단친 것은 너를 보니까 순간적으로 속상해서 그런 거니까 이해해라. 미안해, 성혜야. 아빠가 너에게 냉정하게 대해 정말 미안하구나. 집에 성혜가 없는 3년 동안 우리 딸이 얼마나 소중하고 귀한지, 이 아빠는 너무나도 잘 알고 있어. 네가 어린 나이에 나름 열심히 하고 있는데 기다려주지 못하고 아빠 욕심만 얘기해서 미안하다. 아빠도 이제부터 우리 성혜한테 마음을 열고 따뜻하게 다가가겠다고 약속하마."

내 앞에서 한 번도 보이지 않은 눈물을 흘리시는 아버지를 보자 어머니와 나는 아버지를 부둥켜안고 엉엉 울었습니다. 그동안의 그리움과 함께 앞으로는 따뜻한 가족이 되자고, 행복하자며 뜨거운 눈물을 흘렸습니다. 순간 얼음처럼 차가웠던 나의 마음도 함께 녹아 뚝뚝 흘러내렸습니다. 그렇게 우리 가족은 서로의 소중함을 밴쿠버에서 찾았습니다.

며칠 후 혜리가 여행에서 돌아왔습니다. 나는 부모님께 나의 가장 친한 친구를 보여주고 싶었습니다. 나에게 이런 친구가 있다고 자신 있게 보여주고 싶었지요.

혜리는 우리 부모님을 보는 순간 무척 놀라워했습니다. 내가 평소 말하던 근엄한 아버지가 아닌, 애정 표현을 적극적으로 하는 아버지의 모습과 고운 미모의 어머니 모습에 상당히 놀란 모양이었습니다. 나는 혜리에게 아버지와 어머니가 나를 대하는 태도가 얼마나 다정하게 변했는지를 귓속말로 얘기하며 자랑했습니다. 혜리는 정말 부럽다며 축하해주었습니다.

일곱, 집단 따돌림과 왕따, 천국에서 지옥으로 변한 학교

하지만 혜리와의 좋은 관계는 그 이후 순식간에 끝나버리고 말았습니다. 진혁이가 내게 한 고백을 혜리가 알게 되었기 때문이지요. 입이 가벼운 동준이가 혜리에게 그 말을 전했는데 혜리는 충격을 받은 듯했습니다.

진혁이가 좋다고 나에게 고백한 혜리의 입장에서는 자존심 상한 것은 둘째치고 곧바로 그런 사실을 자신에게 얘기하지 않은 배신감이 더 컸나 봅니다. 나는 그게 아니라고, 내 말을 들어보라며 솔직하게 얘기했습니다. 하지만 혜리는 나의 말을 못 들은 척했습니다. 나의 모든 말은 거짓이라며 부정하기 시작했습니다. 진혁의 고백을 거절한 것도, 부모님과 극적으로 화해한 것도 내가 모두 지어낸 거짓말이라고 했습니다. 인정하고 싶지 않았던 모양입니다.

그렇게 혜리와 나는 멀어졌습니다. 순식간에 가까워졌지만 멀어지는 것은 그보다 더 빨랐습니다. 하루아침에 둘도 없는 단짝친구를 잃었습니다. 세상에서 가장 소중하다고 생각했던 친구가 이제는 더 이상 내 친구가 아니라는 사실을 받아들이기 힘들었습니다. 진혁이가 너무 미웠고 동준이는 꼴도 보기 싫었습니다.

그렇게 나는 세 명의 친구와 한순간에 결별을 했습니다.

'진심으로 얘기해도 혜리가 믿어주지 않으니 할 수 없지. 괜찮아, 나에게는 다른 친구가 있잖아.'

애써 스스로 위로해보았지만 혜리와의 이별로 내 마음에 상처난 구멍이 너무 커서 메우기가 힘들었습니다. 그 이후 혜리는 내가 정말 밉고 용서가 안 되었나 봅니다.

2학기 수업이 시작되고 부모님이 한국으로 가셨습니다. 그런데 학교로 돌아가니, 이미 나는 혼자가 되어 있었습니다. 미라, 지영이 그리고 반 친구들, 다른 반 친구들이 하나 둘씩 내 말에는 아예 대꾸를 하지 않았습니다. 점심도 혼자 먹게 되었습니다.

방과 후 집에 가는 미라를 불렀습니다. 혹시 혜리에게 무슨 말을 들었는지, 그게 무슨 말이든 모두 오해라고, 내 말을 좀 들어달라고 했지요. 하지만 미라는 내게 냉정하게 말했습니다.

"이성혜! 미안하지만 너는 더 이상 우리 친구가 아니야."

미라의 말이 얼마나 충격적이었는지 먼 타국 땅에서 열네 살의 어린 나는 어떻게 걸었는지 모를 정도로 눈물을 펑펑 흘리며 집으로 왔습니다.

'왜 내 말을 한 명도 믿지 않지? 왜 혜리 말만 믿는 거야?'

친구들 모두가 원망스러웠습니다. 그런데 그때 문득 중요한 것을 깨달았습니다. 혜리가 우리 모임에서 리더였다는 점입니다. 항상 주도적으로 모임을 이끌었고, 계획을 짰습니다. 나도 그 모임에서 중요한 역할을 했다고 생각했는데, 친구들 사이에서 혜리에 비하면 아무것도 아니었습니다. 그런 상황이 벌어지니 학교 가기가 싫었습니다. 하지만 그럴 수도 없었기에, 나에겐 캐나다 친구들이 있다고 애써 위로를 하며 잠을 청했습니다.

하지만 이것은 시작에 지나지 않았습니다. 퉁퉁 부은 눈으로 학교에 갔는데 나에 대한 소문이 떠돌았습니다. 처음 보는 남자애가 내게 와서 저속하게 손가락질을 했습니다. 내가 가벼운 애라는 것이었습니다. 아무 남자애나 사귀는 저질이라는 거였습니다. 한순간에 나는 학교 전체에서 집단 따돌림을 당하는 왕따가 되어 있었습니다. 복도를 지나갈 때 사물함 앞에서 나를 대놓고 야유하는 아이들, 이해할 수 없는 몸짓으로 욕하는 아이들, 툭 치고 지나가면서 위아래로 쩨려보는 아이들, 나를 보는 모든 아이들이 적이 되어 있었습니다.

2학기 수업은 유난히 그룹 활동이 많았습니다. 하지만 나는 그 어디에도 낄 수 없었습니다. 어느 날, 학과 선생님이 이상한지 나에게 물었습니다.

"성혜는 왜 친구들이랑 같이 그룹 활동을 하지 않니?"

그때 나는 뭐라 대답하기 힘들어 그냥 웃었습니다. 그런데 그것을 혜리가 본 모양입니다. 또 꼬투리 잡고는 한국인 친구들에게 성혜가 선생님께 고자질을 했다며 비겁한 애라고 몰아붙였습니다.

한국인 친구들 중에는 내 사정을 알고 위로해주는 친구들도 있었습니다. 하지만 대놓고 나를 비호해주기에는 나약한 친구들이었지요. 만약 나를 두둔하면 본인도 함께 왕따 당하리라는 것을 잘 알고 있었습니다. 그만큼 밴쿠버의 중학교는 너무도 울타리가 좁았습니다.

하루하루가 점점 지치고 힘들었습니다. 더 이상 바이올린을 켜기 힘들 정도로 손에 힘이 빠졌습니다. 수업시간에 실의에 빠져 멍하게 있다 보니 기초적인 실수를 많이 하게 되었습니다. 의욕이 없어지니 하루빨리 이곳이 아닌 다른 곳으로 탈출하고 싶은 마음뿐이었습니다. 그곳이 한국이든, 다른 나라든, 아니면 이 세상이 아니어도 그 어디든 상관없었습니다. 그냥 혜리에게서 도망치고 싶었습니다.

누구를 만나고 얼굴을 대하는 것이 두려웠습니다. 내 또래 학생만 봐도 몸서리가 쳐졌습니다. 뭐라 말하는 친구들의 입은 나를 보고 비웃고 나를 잡아먹으려는 악마의 입 같았습니다. 그중 가장 나를 괴롭히는 입은 교활한 혜리의 입이었습니다. 혜리의 그림자만 봐도 땅이 꺼질 듯 다리가 떨렸습니다. 더 이상 학교에 갈 수가 없었습니다.

"학교 다녀오겠습니다."

하지만 나는 집 근처 호수를 헤매다가 목사님 부부가 출근하면 다시 집으로 돌아갔습니다. 학교는 더 이상 나의 무대가 아니었습니다. 그렇게 따스하던 햇볕이 따갑게 느껴졌습니다.

어느덧 겨울이 왔습니다. 두꺼운 커튼을 치고 침대에 웅크려 앉았습니다. 몸을 펴기도 싫었습니다. 툭툭 문을 긁는 소리가 들렸습니다. 귀여운 강아지 리버가 방 안에 들어오고 싶어 했지만 그것도 귀찮았습니다.

결국 잦은 결석으로 학교에서는 부모님에게 출석요구 통지서를 보냈습니다. 불과 3달 전에 잘 지내는 모습을 보고 왔는데, 그 사이에 더 큰 문제가 발생하니 부모님은 깜짝 놀라 내게 전화했습니다. 너무도 괴롭고 힘들었기에 솔직하게 얘기했습니다.

가장 친한 친구가 가장 끔찍한 사람이 되었다고. 여기에 있으면 더 이상 숨쉬기 힘들다고.

목사님 부부와 부모님은 나에 대해 특단의 조치가 필요하다고 여겼습니다. 나는 하루하루 야위어갔고 표정을 잃어갔습니다.

여덟, 또 다른 시작, 이해와 사랑으로

집단 따돌림, 왕따! 한 번도 생각해보지 않았습니다. 이유가 어떻든 한 사람의 삶을 송두리째 파멸로 몰아넣는 그 행위를 막상 내가 당하고 보니 그 어떤 폭력보다도 가혹했습니다. 결국 나는 미국으로 갔습니다. 아버지는 결단력과 추진력으로 깊은 웅덩이에 빠져 헤어나오지 못하는 나를 끌어올렸습니다. 미국에 있는 좋은 음악 학교입니다.

"성혜야, 캐나다에서의 일은 잊고 음악 하면서 네가 하고 싶은 것을 해."

아버지의 위로와 사랑으로 가까스로 맑은 공기를 깊이 들이마셨습니다. 다시 살아났습니다. 밴쿠버의 망령은 미국에까지는 미치지 못했습니다. 마음에 상처를 간직한 채 마지막 학기를 마치고 음악 고등학교에 입학했습니다.

하지만 밴쿠버의 상처가 너무 컸기에 예전처럼 돌아가기란 쉽지 않았습니다. 그냥 모든 것이 의미 없이 느껴졌습니다. 바이올린은 5분의 게임입니다. 5분 안에 틀리지 않고 완벽해야 하는데 나는 그 룰에서 이미 패자였습니다. 완벽하게 하려고 하면 할수록 점점 불완전해졌고 실수도 연발했습니다. 5분의 평화조차 내게 허락되지 않았습니다.

다시 시작하고 싶었습니다. 아버지의 사랑을 생각하면서 나도 아버지처럼 의사가 되어 사람을 살리고 싶었습니다. 진지하게 부모님께 음악 고등학교를 중퇴하고 의대에 가고 싶다고 말했습니다.

"지금 네 마음은 알겠는데 십 년 넘게 노력한 것이 아깝지 않니? 다시 한 번 생각해보면 어떨까?"

부모님은 몇 번 더 생각해보라고 얘기했지만 강한 나의 의지를 보며 의대로의 진로 변경을 허락했습니다. 그동안 바이올린이 전부였기에 나는 공부와는 거리가 멀었습니다. 유난히 어려운 수학, 과학, 역사…… 산 너머 산이었습니다. 하지만 산은 산이었기에 집념으로 공부했고 나는 어느 정도의 성적을 받았습니다. 비록 아이비리그에는 못 미치지만 미주에 있는 의대에는 갈 수 있는 실력은 되었습니다. 불과 일 년 만에 얻은, 작지만 의미 있는 성과였습니다.

하지만 만족스럽지 않았습니다. 내 마음속에 있는 최고에 대한 열망은 아직도 사그라지지 않았던 거지요. 비록 바이올린은 집단 따돌림, 왕따의 상처로 결국 포기했지만, 내가 원하는 의대를 가기 위해 편입준비를 했습니다. 하루 2시간 정도 잠을 자며 공부, 운동, 공부 또 공부, 이렇게 미쳐서 살았습니다.

목표가 생기고 열정적으로 하루하루를 살다 보니 많은 것이 잊혀졌습니다. 나를 괴롭히던 혜리의 망령, 말만 들어도 숨 막히는 캐나다 밴쿠버. 나는 공부를 통해 스스로를 다잡았습니다. 마침내 아이비리그에 갈 수 있는 좋은 성적을 받았고, 지원을 했습니다. 고등학교 학창시절에 처음으로 편안하게 잠을 잤습니다.

하루하루 초조하게 기다렸습니다. 하지만 불합격! 지원한 대학에 나보다 성적이 안 좋은 친구가 합격했다는 소식에 너무 화가 났습니다. 돌연 모든 것이 원망스럽고 지금껏 했던 공부가 모래알처럼 흩어지는 것 같았습니다.

결국 나는 한국으로 돌아왔습니다. 아무것도 이루지 못한 자책감에 가족들과 전혀 말을 하지 않고 방에만 있었습니다. 문득 밴쿠버의 혜리가 생각났습니다.

왜 나는 왕따를 당했을까?

왜 나는 당당하지 못했을까?

곱씹어 생각해보니 나는 자존감이 낮은 아이, 나조차 나를 사랑하지 않는 아이, 그게 나였습니다. 지금껏 나를 사랑한 적이 없었습니다. 그저 부모님에게 기대고, 친구에게 기대고, 학교에 기대고, 바이올린에 기대고, 공부에 기대고. 그렇게 기대며 살아온 인생이었습니다. 바닥에 누워 천장을 보며 생각했습니다.

내가 스스로 일어날 수 있을까?

나를 일으키는 것이 무엇일까?

이젠 다른 무엇이 아닌, 내 스스로 일어서고 싶었습니다. 힘들고 괴로웠기에 비틀거리며 가까스로 일어났습니다. 그리고 내 스스로 지팡이가 되어 내 꿈을 찾았습니다. 나는 어렸을 때부터 옷차림에 관심이 많았습니다. 어떻게 입으면 어울리고 매력적인지, 어떤 소재가 자신에게 어울리는지, 그동안 까맣게 잊고 있었던 감각을 떠올렸습니다. 그리고 다시 시작했습니다. 마침내 운명처럼 세계 3대 패션스쿨인 파슨스 패션스쿨에 합격했습니다.

어느덧 스무 살이 되었습니다. 과정은 가혹했지만 나는 화사하고 당당하며 아름다운 색을 뽑아내는 꽃이 되었습니다. 항상 당당하게 스스로를 높이며 학교에 다녔고, 아버지의 권유로 미스코리아에 지원을 했습니다.

3개월밖에 안 되는 짧은 준비기간, 호된 훈련 속에서 이미 단련된 나의 내공은 빛을 발했습니다. 스물넷, 나는 미스코리아 진이 되었습니다. 그리고 지금 또 새로운 도전을 준비 중입니다.

사실 감추고 싶은 아픈 과거를 어린이, 청소년들에게 밝힌 이유는 집단 따돌림, 왕따가 되어도 결코 용기를 잃지 말고 포기하지 말라는 뜻이 있습니다. 하지만 더 중요한 것은 어떤 이유가 되었든 상대방 입장을 이해하고 오해를 풀어 결코 친구를 왕따시키는 행위를 하지 말라는 뜻이 더 강합니다.

바람과 햇빛이 대결하는 이야기를 생각하면서 우리 어린이들과 청소년들이 모두 햇빛이 되어 친구의 힘든 마음을 녹여준다면 그 사랑은 더 큰 은혜가 되어 나타날 것이기 때문입니다.

5 빼기 3은 2입니다. 오해가 생길 때 상대방 입장에서 세 번만 더 생각하면 이해가 된다는 의미입니다. 2 더하기 2는 4인데 이해하고 이해하면 사랑이 된다는 것을 마음에 새기며 친구들과 멋진 미래를 설계하는 행복한 친구가 되길 진심으로 기원합니다.

학교폭력 SOS! 클릭

미스코리아 이성혜! 그녀는 조기 유학을 떠나 캐나다 밴쿠버에서 맞이한 중학교 시절에 가장 친한 친구와 남자친구를 둘러싼 삼각관계 사건으로 결국 결별하게 되었습니다. 이후 안 좋은 소문이 친구들 사이에 퍼지면서 왕따가 되었고 점점 헛소문들이 걷잡을 수 없이 퍼져 전교 왕따(전따)까지 되었습니다. 결국 제3국으로 또 다시 유학의 길을 떠나게 되지요.

당시 중학생인 이성혜는 처음 유학을 간 캐나다에서 학교폭력을 극복하지 못했습니다. 여학생들 사이에서 일어난 이성친구 문제가 원인이 되어 헛소문으로 고통을 겪은 유형입니다.

우리 친구들 가운데 헛소문 때문에 학교폭력을 당해 아픔을 겪은 친구들이 있을 것입니다. 이런 소문으로 학교폭력을 당하는 경우는 남학생들보다는 여학생들 사이에서 많이 발생하지요.

심지어 대학수학능력시험(수능)을 앞둔 고3 여학생이 임신했다는 헛소문에 괴로워하다가 스스로 목숨을 끊은 사례도 있습니다.

오전 4시경 아파트 화단에서 A양이 숨져 있는 것을 어머니가 발견해 경찰에 신고했는데, 당시 A양 방 안에서 유서가 발견되었다고 합니다. 유서에는 A양이 임신했다고 헛소문을 낸 다른 학교 남학생들을 원망하는 내용과 함께 더 이상 살기 싫고 가족에게 미안하다는 내용이 적혀 있었습니다. 헛소문 때문에 정신적, 심리적으로 많이 힘들었던 A양은 당시 가깝게 지내던 지인에게 전화를 걸어 "임신을 하지도 않았는데 친구들이 임신했다고 소문을 내고 자꾸 수군거리는 것 같아 힘들다"고 하소연했습니다. 소문에 시달리던 A양은 수면장애 등으로 치료도 받았다고 합니다.[2]

이렇게 헛소문 때문에 학교폭력을 당한 학생 중에는 멀리 다른 학교로 전학을 가거나 다른 나라로 유학을 떠납니다. 게다가 수면 장애 등으로 치료를 받거나 심지어는 목숨을 끊는 사례들이 발생하고 있습니다.

헛소문으로 피해학생이 얼마나 큰 고통을 느끼고 있는지 우리는 한 번쯤 그 학생의 입장에서 생각해봐야 합니다. 돌고 있는 소문이 이성혜 씨 사례처럼 의도적으로 왕따를 시키기 위해 누군가가 헛소문을 냈을 수도 있기 때문이지요. 따라서 소문을 들은 친구들은 그 소문이 사실인지 아닌지 피해학생에게 반드시 확인해볼 필요가 있습니다. 무작정 다른 친구의 말을 듣고 소문을 퍼뜨리는 것은 더 큰 피해를 일으키기 때문입니다.

피해학생은 자신과 관련한 헛소문이 돈다 해도 당당한 태도로 생활해야 합니다. 위축이 되어 주눅 든 모습을 보이면 다른 친구들

2 동아일보, 「'임신 헛소문' 고3 여학생, 수능 코앞에 두고 투신」(2013. 10. 31, 18:06:18 기사) 참조
http://news.donga.com/BestClick/3/all/20131030/58553950/1

이 소문이 진실일 거라고 믿을 수 있기 때문입니다. 헛소문은 시간
이 지나면 잠잠해집니다.

자, 우리 모두 누구든 헛소문의 주인공이 될 수 있다는 점을 명
심하고 피해를 당한 친구의 억울한 마음을 공감하고 이해하면 어
떨까요?

요즘 학교폭력의 특징은 눈에 보이지 않는 폭력, 예를 들면 '왕
따(전따), 집단 따돌림, 언어폭력, 헛소문 괴롭힘' 등으로 점점 교
묘해지고 있습니다.

그렇다면 증거를 제시하기 어려운 유형의 학교폭력에 어떻게 대
처하면 좋을까요?

첫째, 주변 친구들은 자신의 일이 아니라고 헛소문을 모르는 척
하지 말고, 바른 진술을 해서 눈에 보이지 않는 폭력이 사라지
도록 피해학생을 도와주어야 합니다.

둘째, 소문이 돈다고 무조건 피해학생을 따돌리지 말고 그 친구
에게 사실 유무를 확인해야 합니다. 소문 때문에 고통스러워
하는 피해 친구의 마음을 헤아려서 먼저 다가가야 합니다.

셋째, 담임선생님, 소속 학교 학교폭력 담당선생님 등에게 그 사
실을 알리고 도움을 요청해서 학교폭력이 일어나는 것을 사전
에 방지해야 합니다.

넷째, 전문기관(청소년폭력예방재단 상담전화 1588-9128, 청소년전화
1388 등)의 상담선생님과 상담하여 도움을 받도록 합니다.

눈에 보이지 않는 학교폭력도 주변 친구들의 신고와 도움으로 발생 빈도를 낮출 수 있습니다. 이제는 주변 친구들 사이에서 벌어지는 일에 관심을 가지고 학교폭력을 당하는 피해학생은 물론, 가해학생들을 설득할 수 있는 도움의 손길을 뻗어보세요. 이제 여러분의 차례입니다.

주희쌤의 상담 사례

학교폭력, 이럴 땐 어떻게 해야 하나요?

사이버 세상에서 끝나지 않는 따돌림이 괴로워요

- **사례 유형 : 사이버 불링(cyber bullying)**
- **피해학생 : A양 1인(초 5, 여)**
- **가해학생 : B양 외 총 4인(초 5, 여)**

A양은 같은 반에서 친하게 지내는 학생이 네 명 있었습니다. 그런데 어느 날부터 그 친구들이 A양을 갑자기 따돌리기 시작했습니다. A양과 B양과의 관계가 어긋나면서 B양이 주도적으로 A양을 따돌렸습니다. 그 시작은 아주 사소했지요.

A양과 B양은 애니메이션을 무척 좋아했습니다. 그런데 A양이 B양이 가장 좋아하는 만화 주인공을 그려서 SNS 상에 올린 것이 결정적 원인이었습니다. B양은 A양의 게시물을 보고는 "내가 좋아하는 캐릭터를 욕되게 하지 마"고 답글을 달며 불쾌함을 표시했습니다. 그 이후부터 B양은 A양을 따돌리기 시작했고, 말을 건네지

않는 것은 물론이고 멀리하기 시작했습니다. 방학식을 하기 직전에 B양은 자신의 SNS에 이렇게 올렸습니다.

"이제 첫 번째 활동이 시작됐다. 11명을 모았는데 3분의 2가 남자다. 누군지 궁금한 사람? 근데 내가 필독 신청한 애는 설마 아니겠지?"

그러고는 B양은 A양에게 필독을 신청했습니다. 이렇게 온라인, 오프라인을 오가며 B양은 A양에게 심리적 압박을 가했고 못내 힘들어하던 A양은 이 사실을 부모님에게 알렸습니다. A양의 부모님은 담임선생님에게 알려 중재를 요청했으나, 방학이 끝난 후에 처리하겠다는 대답이 돌아왔습니다.

하지만 방학 중에도 SNS 상에서 은근히 A양을 빗댄 놀림과 조롱의 괴롭힘은 계속되었습니다. 방학 중이라 B양과 직접 만나지는 않았지만 여전히 괴롭힘에 시달렸지요.

개학 후, A양의 부모님은 다시 담임선생님을 찾아갔습니다. 그러자 담임선생님은 어쩔 수 없다는 듯 처리하겠노라 했습니다. B양에게는 사과편지를 쓰도록 했고, 반 친구들 앞에서 공개적으로 A양에게 따돌림 상황에 대해 사과하도록 했습니다.

그런데 상황이 이렇게 되자 A양은 더 힘들게 되었습니다. 형식적으로 쓴 B양의 사과편지에 A양은 마음이 누그러지기는커녕 더 속이 상했습니다. 더구나 반 친구들 앞에서 공개적이고 형식적으로 사과하라고 한 담임선생님의 처리로 A양은 민망하여 어쩔 줄 몰라했지요. 막상 공개가 되고 나니 반 친구들이 예전보다 자신을 더 멀리하는 듯해 A양은 마음이 힘들었습니다.

여기에 A양을 지칭하듯 조롱 섞인 B양의 SNS 글은 계속되었습니다.

상황이 이처럼 더 악화되자 A양의 부모님은 담임선생님에게 학교폭력에 대해 절차대로 다시 진행해달라고 요청했습니다. 그리고 A양은 심리 상담을 받고 있습니다.

상담 내용

사이버 폭력은 오프라인 상의 왕따를 가리키며, 알지 못하는 사이에 퍼져 오랫동안 지속되기도 하고, 학교보다는 학교 밖에서 더 많이 벌어집니다. 따라서 피해학생들은 시도 때도 없이 폭력을 당하기에 심리적 고통을 호소하지요.

하지만 A양 사례처럼 선생님이나 부모님이 안일하게 생각하고 늦게 처리해 피해학생에게 심각한 후유증을 안겨주기도 합니다. 사이버 폭력에는 A양 사례 유형뿐만 아니라 유형이 매우 다양합니다. 사이버 폭력의 종류를 한번 살펴볼까요?

1. 여러 명이 메신저로 욕설을 하거나 굴욕적인 사진을 (동의 없이) 공개하는 행위
2. 억지로 모바일 메신저에 초대해서 대화를 강요하는 행위
3. 메신저로 성(性)적 대화, 성(性)적 문제와 관련한 개인의 정보를 게시하는 행위
4. 인터넷에서 사실 또는 허위사실을 전달 유포하여 다른 사람의

명예를 훼손하는 행위

5. 인터넷에서 다른 사람을 따돌리는 행위

6. 집단으로 악플을 달거나 협박 편지를 보내는 행위

　이렇게 6가지 유형 모두 학교폭력의 유형인 사이버 폭력에 해당됩니다. 따라서 부모는 사이버 폭력에 노출된 자녀의 징후가 어떤지 반드시 알아야 합니다.

　첫째, 불안한 기색으로 정보통신기기를 자주 확인하고 민감하게
　　반응하며 사용 시간이 지나치게 길거나 휴대전화를 기피한다.

　둘째, 단체 채팅방에서 혼자만 반복적으로 집단에게 심리적 공
　　격을 당하고 야유나 험담이 많이 올라온다.

　셋째, 온라인에 접속한 뒤 문자 메시지나 메신저를 보고 나서 당
　　황해하거나 정서적으로 괴로워 보인다.

　이밖에 여러 가지 징후가 있지만 대체로 이 세 가지의 징후를 잘 알고 있으면 관찰을 통해 자녀의 사이버 폭력을 조기에 감지해서 도움을 줄 수 있습니다.

　학교 담임선생님은 피해학생을 직접적으로 대놓고 보호하면 오히려 위험한 결과를 가져올 수 있습니다. 반 친구들에게 놀림의 대상이 되기도 하고 자칫 반이나 학년 왕따로 낙인이 될 수 있기 때문입니다.

피해 및 가해학생들이 서로 사과하고 용서하기를 원할 경우 담임선생님이 주도하여 자체적으로 해결할 수도 있습니다. 그렇지 않은 경우에는 「학교폭력 예방 및 대책에 관한 법률」에 따라 자치위원회를 개최하여 가해학생은 처벌하고 피해학생은 보호받을 수 있게 진행해야 합니다.

　그 이후 사후관리가 중요한 사안입니다. 담임선생님은 이 사안이 처리된 뒤에도 피해 및 가해학생을 관찰하며 상담을 진행하는 것이 매우 중요합니다.

학교에서 온 지역으로 따돌림을 당했어요

- 사례 유형 : 따돌림
- 피해학생 : 총 1인(중 1, 여)
- 가해학생 : 초등학교 때부터 아는 사이

중학교 1학년인 A양은 요즘 학교에 잘 나가려 하지 않습니다. 초등학교 때 같은 반의 아이들에게 따돌림을 받았는데, 6학년이 되어서는 학년 전체 학생들에게 따돌림을 받게 되었습니다. A양에 대한 아이들의 따돌림은 교묘했습니다. 체육시간이나 운동회 때 모래를 뿌리거나 여러 명의 아이들이 밀치는 등 다양하게 괴롭혔습니다.

점차 힘들어진 A양은 부모님께 이 사실을 알렸고 부모님은 학교 측에 따돌림을 방지해달라고 했습니다. 하지만 학교 측에서는 특별히 심각한 물리적인 폭력이 일어나지 않았고 학교폭력이라 하기에는 구별이 되지 않는다며 대수롭지 않게 판단했습니다. A양이나 부모님이 너무 예민하게 생각하는 것이라며 별다른 조치를 취하지 않았습니다.

어느덧 A양은 초등학교를 졸업하게 되었습니다. A양은 중학교에 진학하면 새로운 환경에서 새로운 친구들도 많이 만나게 될 테니까 초등학교 때와 같은 일이 되풀이되지 않을 것이라 기대했습니다.

중학교 진학 후 A양은 학기 초에 별일 없이 친구들을 사귀며 잘 지내고 적응도 잘 했습니다. 그러나 초등학교 동창생들이 6월부터 A양에 대해 좋지 않은 소문을 내기 시작했습니다.

"왕따 당하다 온 찐따!"

이렇게 소문이 나자 A양과 친하게 지내던 친구들이 서서히 멀어지면서 따돌리기 시작했습니다. 더 문제가 되는 것은 같은 학교 친구들뿐만 아니라 다른 학교 학생들도 A양에 대한 좋지 않은 소문을 퍼뜨렸습니다. 마침내 A양의 부모님이 동네에 퍼진 A양의 따돌림 소문을 알게 되었습니다. 초등학교 동창생들이 그 지역의 다른 중학교로 진학하면서 학원이나 학교에서 A양이 초등학교 시절에 따돌림 당한 얘기를 퍼뜨렸다는 사실을 알게 되었던 것이지요.

그후 A양은 여름방학을 보내고 개학 날짜가 다가오자 극도로 불안해했습니다. 부모님은 더 이상 그냥 두어서는 안 되겠다는 생각에 학교를 찾아 상담을 했습니다.

하지만 학교에서는 이런 경우 핵심적인 가해학생을 밝히기 힘들다고 답변했습니다. 더욱 황당한 것은 A양의 학교뿐만 아니라 다른 학교에서도 A양의 소문이 좋지 않게 퍼졌으니 따돌림을 당하는 것이 아니겠냐고 변명을 늘어놓았습니다. 그러니 어떻게 처리해야 할지 지금으로서는 해결책이 없다며 난감해했습니다.

결국 A양은 정신과 진료를 받게 되었고, 그 결과 대인기피증과 우울증, 불면증의 진단을 받았습니다. A양은 학교에 나가지 못하고 있으며, 부모님은 현재 A양의 학교폭력에 대해 어떻게 처리해야 할지 고민입니다. 핵심 가해학생을 밝히기 힘들고 표면적으로 드러난 물리적인 폭력이나 물증이 없는 상태이기 때문입니다. 더구나 A양에 대한 따돌림이 지역적으로 광범위하게 이루어지고 있는 상태이기도 합니다.

A양과 부모님은 어떻게 대처해야 할지 고민만 할 뿐 해결책이 없어 마음의 상처가 깊어졌습니다. 학교 측에서도 도와주고는 싶지만 이런 사례의 경우 어떻게 처리를 해야 할지 뾰족한 해결 방법이 없어 고민이겠지요.

최근 학교폭력의 따돌림 경향을 보면 핵심 가해학생도 없을뿐더러, 눈에 보이는 증거도 없이 독버섯처럼 퍼지는 것이 특징입니다.

「학교 폭력예방 및 대책에 관한 법률 제2조」를 보면 "'따돌림'이란 학교 내외에서 2명 이상의 학생들이 특정인이나 특정집단의 학생을 대상으로 지속적이거나 반복적으로 신체적 또는 심리적 공격을 가하여 상대방이 고통을 느끼도록 하는 일체의 행위"라고 되어 있습니다.

A양처럼 핵심 가해학생이 누구라고 딱 지목할 수는 없지만 그 소문을 퍼뜨린 모든 학생이 가해학생이라고 볼 수 있습니다.

여러분은 많은 학생들이 그 소문을 퍼뜨린다고 해서 그 소문이 진실이라고 믿으면 안 됩니다. 또한 떠도는 소문이니까 내가 그 소문을 퍼뜨려도 된다고 착각해서도 안 됩니다. 그 행동에 동참한다는 것은 곧 가해학생이 된다는 것을 의미하기 때문입니다. 법이라는 울타리에서는 가해행동에 동참한 것만으로도 가해학생으로 판단하여 처벌을 내린다는 것을 반드시 알아야 합니다.

이때 담임선생님은 피해를 당한 A양에 대한 초기 대응을 어떻게 해야 할지 살펴보도록 하지요.

첫째, A양이 따돌림 때문에 학교에 나오지 못할 경우 집에서 휴식을 취하도록 하거나, 적절한 기관에서 상담을 받도록 연계해주어야 합니다.

둘째, 학교에 출석하지 못하는 동안 담임선생님은 피해학생의 학습상황을 수시로 점검하여 학업이 뒤처지지 않도록 신경을 써주어야 합니다.

셋째, 관련 기관에서 받은 진단서나 상담소견서 등을 학과 선생님들에게 제출하여 출석으로 인정받을 수 있도록 도와주어야 합니다.

그렇다면 A양의 학교 측에서는 어떤 대안을 마련할 수 있을까요? 분기별로 1회 이상 회의를 열어야 하는 「학교폭력 대책 자치위원의 역할과 기능」에 따르면, 학교폭력의 예방 및 대책수립을 위한 학교 안전 체계 구축, 피해학생의 보호 등을 해야 합니다.

증거가 없는 학교폭력 유형이라 할지라도 '학교폭력 대책 자치위원회'에서 학교 안전 체계를 구축하여 해결방법을 함께 모색할 수 있습니다.

학기 초에 잘 지내던 A양이 갑자기 왕따가 되고 주변 학교에까지 소문이 퍼졌다면 더욱 그래야 합니다. 자치위원회에서 지역사회의 학교폭력 피해학생을 그대로 방치하는 것이 아니라 현명한 대안을 세워야 합니다.

먼저 외부 전문기관의 전문가를 자치위원회 위원으로 모실 수 있습니다. 따라서 학교 안전 체계를 세우기 위해 전문가와 함께 지혜를 모으면 좋은 대안이 나올 수 있습니다.

남자 친구와 카톡이 알려져 학교에서 자퇴했어요

- 사례 유형 : 사이버 폭력
- 피해학생 : 총 1인(중 2, 여)
- 가해학생 : 반 전체(중 2 남·여 각 25명)

중학교 2학년에 재학 중인 A양과 B군은 같은 반 친구입니다. 예쁘고 공부도 잘하던 A양이었지만 평소 수줍음이 많아서 여자친구들과 친하게 지내지 못했습니다. 같은 반 친구이면서 미술학원에서 만난 B군과 서로 관심을 가지고 가까이 지내게 되었습니다.

마음을 터놓을 사람이 없어 늘 고민이었던 A양은 B군에게 많은 이야기를 했습니다. 집안일, 자매들, 학교의 교우관계까지 함께 이야기를 나누는 사이가 되었습니다. 그러던 중 B군은 부쩍 가까워진 A양에게 스킨십을 요구하였고 A양도 자연스럽게 그 요구를 받아들였습니다.

그러자 예쁜 A양에 대해 관심이 많았던 B군의 친구들이 두 사람 사이를 궁금해하기 시작했습니다. B군을 졸라 이야기를 듣다가 몇몇 친구들이 B군의 휴대전화에서 둘 사이의 메시지 내용을 보고 말았습니다. 한마디로 그 내용이 여러 친구들에게 공개된 셈이었지요. 그중에는 A양과 B군의 신체 접촉에 관한 이야기도 있었습니다. B군의 친구들은 재미있어하며 계속 보여달라고 요청했고, 친구들 가운데 C군이 그 내용 중 일부를 복사하여 반 전체 메시지로 전달해 같은 반 친구들이 모두 알게 되었습니다.

그 내용을 본 A양의 친구가 이 사실을 알려 A양도 문자 내용을 보게 되었고, 결국 A양은 웃음거리가 되었습니다. A양은 화가 나 B군에게 헤어지자고 전했고 수치심으로 한 달 정도 학교에 가지 않다가 결국 자퇴를 결정했습니다. B군도 여학생들의 비난과 남학생들의 놀림에 못 견뎌 다른 학교로 전학하는 방법을 선택하게 되었습니다.

C군은 재미로 그렇게 했지만 이렇듯 파장이 클지에 대해서는 예측하지 못했던 것 같습니다. 학교 측에서도 이 사건을 알게 되어 C군에게 A양과 B군에게 사과하도록 조치했고 반 전체가 반성하라고 지시했습니다. 그리고 학생 신분의 윤리적인 부분과 사생활 침해에 대해 세밀하게 교육을 하고 사건의 심각성에 대해 전교생들에게 알렸습니다.

중학교 2학년이면 이성에 대해 관심이 많은 시기이지요. A양과 B군도 친구들과 대화할 때 이성에 대한 주제가 끊이지 않았을 것입니다. 이번 사례는 C군이 장난으로 무심코 한 행동이 두 학생에게 엄청난 파장을 일으킨 경우입니다.

SNS를 이용하면 편리한 것들이 많습니다. 하지만 잘못 사용하면 한순간 사이버 폭력이 됩니다.

「학교폭력 예방 및 대책에 관한 법률」에 보면 학교폭력은 장난으로 한 짓이라 해도 처벌을 받게 되어 있습니다. C군처럼 경솔하게 SNS를 이용해서 글을 유포하면 절대로 안 됩니다. 만약 C군이 일을 벌이기 전에 한 번 더 생각했다면 이렇게 파장이 커지지는 않았을 것입니다.

A양은 한순간에 반 학생들에게 웃음거리가 되었습니다. 수치심으로 학교생활을 하는 것이 무척 어려웠을 것입니다. 자퇴를 선택한 것은 A양의 몫이지만 그런 선택을 하게 만든 것은 C군의 경솔한 태도와 반 학생들의 놀림과 비난이었습니다.

B군도 또 다른 피해학생이 되어 여학생들의 비난과 남학생들의 놀림에 전학을 선택하게 되었습니다. 따라서 이런 최악의 상황이 모두 A양과 B군의 책임이라고 말할 수는 없습니다.

혹시 다른 친구들의 약점과 부족한 점을 이용해서 재미를 찾는 고약한 취미가 있는 것은 아닌지 한번 자신을 되돌아보세요. 주변 친구는 어떻게 되든 상관없이 혹시 자신만의 재미와 욕구를 채우기 위해 학교생활을 하고 있지 않은지 정말로 진지하게 생각해보기 바랍니다.

이런 경우 대부분 가해학생들은 자신이 무엇을 특별히 잘못했는지 잘 모릅니다. 따라서 부모님은 자녀가 자신도 모르게 가해학생이 되지 않도록 사전에 자녀의 행동과 관심이 무엇인지 세심하게 살펴보아야 합니다.

사실 어린 학생들은 사이버 폭력에 대해 정확히 알지 못하고 가해를 하는 경우가 대부분입니다. 장난이나 재미, 아니면 친구들이 특정한 학생을 사이버 폭력을 하는 분위기에 휩쓸려 자신도 그냥 단순하게 참여하는 경우가 많습니다. 따라서 죄책감 또한 낮은 편이지요.

그러나 「학교폭력 예방 및 대책에 관한 법률」에 '사이버 따돌림'이라는 정의가 있을 정도로 사이버 폭력은 위법이라는 사실을 염두에 두고 소셜미디어 상에서 조심해야 점을 반드시 알려주어야 합니다.

끊임없는 언어폭력으로 너무 괴롭고 힘들었어요

- 사례 유형 : 언어폭력
- 피해학생 : 총 1인(중 3, 남)
- 가해학생 : 총 1인(중 3, 남)

중학교 3학년에 재학 중인 A군은 이전부터 B군을 괴롭히고 폭력을 가해 선생님께 여러 번 주의를 받았습니다. 그러나 주의를 받아도 A학생의 폭력적인 가해행동은 계속되었습니다. A군은 스마트폰에 '미운놈 때리기 게임'이라는 어플을 깔고 B군의 사진을 찍어 얼굴을 합성했습니다. 그러고는 쉬는 시간마다 스마트폰을 꺼내 B군에게 위협을 가하며 수치심을 주었습니다.

"너를 직접 때리진 못하지만 이렇게라도 때리고 싶다!"

"선생님만 없으면 널 이렇게 때릴 거야."

이런 식으로 계속 언어폭력을 가하자 B군은 그 짓을 그만두라고 수차례 이야기했습니다. 하지만 A군은 "내 스마트폰으로 내가 즐기는 게임인데 무슨 상관이냐"며 전혀 개선의 의지나 반성의 기미를 보이지 않았습니다.

B군은 A군이 직접적인 폭행을 하는 것은 아니지만 어떻게 벗어날 수 있을지 막막했습니다. 그리고 그런 상황이 지속되자 B군은

수치심과 분노에 자해를 시도하는 등 정신적·신체적인 고통을 호소하게 되었습니다.

참다못한 B군의 부모님은 A군을 학교폭력으로 신고하여 이에 학교폭력대책 자치위원회가 열려 A군에게 전학 조치를 취했습니다. 그러나 B군의 부모님은 그 조치만으로는 미흡하다며 시도학생 징계조정위원회에 재심을 청구했습니다. 그 위원회에서도 전학 조치가 내려져 A군은 결국 다른 학교로 전학을 갔습니다.

B군은 정신적 충격으로 약물치료와 상담치료를 병행해야 한다는 소견을 받았지만 집안 형편이 어려워 국가의 지원으로 약물치료만 받고 있습니다.

B군 부모님은 A군을 형사 고소하였고, 검찰에서는 조건부 기소유예 처분을 내렸습니다. 그러자 A군의 부모는 50만 원의 공탁금을 걸었습니다.

A군이 전학을 갔지만 여전히 B군과 같은 거주 지역에 살고 있습니다. A군은 계속 카카오톡으로 B군을 '정신병자'라고 비하하거나 욕설을 보냈고, 길에서 마주치면 친구들과 함께 "나대지 말라"며 소리를 질렀습니다.

그칠 줄 모르는 A군의 언어폭력으로 B군은 다시 자해를 시도했고 불안증세가 더욱 심해졌습니다. B군의 부모는 B군의 상태가 심각해지자 학교폭력의 재발을 방지하고 B군을 A군과 그 친구들에게서 보호하는 방법과, B군의 심리치료 비용을 가해학생인 A군에게 받는 방법을 알고 싶어 합니다.

상담 내용

B군의 부모는 적극적으로 나서서 「학교폭력 예방 및 대책에 관한 법률」에 따라 가해학생에게 전학을 가게 했습니다. 하지만 A군이 전학을 갔다 해도 거주 지역이 같아 B군과 동네에서 마주칠 때나 SNS를 통해 B군에게 지속적으로 언어폭력을 가했습니다.

B군은 끝나지 않는 A군의 언어폭력에 지치고 힘들어 또다시 자해를 하며 점점 불안해했습니다. B군은 학교폭력의 고통에서 벗어날 수 없을 것 같아 더욱 불안을 느꼈을 것입니다.

이럴 경우 이전의 학교폭력 사건으로 자치위원회를 열어 처리했다 하더라도 다른 사안으로 학교폭력이 일어났을 경우 다시 자치위원회를 통해 가해학생을 처벌할 수 있습니다.

B군의 사례처럼 동일한 가해학생이 또다시 학교폭력을 행하는 경우가 종종 있습니다. 학교폭력의 유형만 다를 뿐이지, 정신적 고통과 후유증은 처음 당할 때보다 더 심각해집니다. 하지만 이런 경우에도 지혜롭게 잘 대처하며, 상황을 외면하지 않고 조금만 더 견딘다면 학교폭력을 사라지게 하거나 상처 난 마음을 치유할 수 있

습니다. 특히 B군의 사례처럼 사이버 폭력을 당했을 때 다음과 같이 행동해야 합니다.

　첫째, 사이버 폭력의 징후를 발견하면 곧바로 SNS 사용을 중지하거나 즉시 차단합니다.

　둘째, 가해학생의 행위를 원하지 않는다는 의사를 분명히 밝힙니다.

　셋째, 혼자서 해결하려 하지 말고 도움을 구합니다(부모님, 학교 선생님, 전문기관).

　넷째, 원하지 않는 메일이나 쪽지, 메신저 등에 답변하지 않으며, 또한 보복 대응을 하지 않는 것이 중요합니다.

　다섯째, 사이버 폭력이 발생했을 때, 증거 자료를 캡처하여 자료를 확보한 후 사이버수사대, 117에 신고합니다.

　그렇다면 A군과 같은 가해학생이 반드시 알아야 할 점은 무엇일까요? 먼저 2012년 3월 「학교폭력 예방 및 대책에 관한 법률」이 개정되면서 사이버 따돌림[3]이 학교폭력의 한 유형임을 명심하고, 특히 소셜미디어 상에서 조심해야 합니다. 사이버 공간에서 친구를

---

3 '사이버 따돌림'이란 인터넷, 휴대전화 등 정보통신기기를 이용하여 학생들이 특정학생을 대상으로 지속적, 반복적으로 심리적 공격을 가하거나, 특정학생과 관련된 개인정보 또는 허위사실을 유포하여 상대방이 고통을 느끼도록 하는 일체의 행위를 말한다(「학교폭력 예방 및 대책에 관한 법률」 제2조 1의 3).

따돌리거나 욕설, 악플을 다는 행동은 절대로 해서는 안 되며 피해 학생의 마음을 공감하고 이해하려고 노력해야 합니다.

특히 B군과 같은 피해학생은, 힘들겠지만 인내심을 갖고 위와 같이 처리한다면 재발을 방지할 수 있습니다.

가해학생들에게서 보호받을 수 있는 방법 가운데 하나는 그들의 말과 행동에 절대 신경 쓰지 않는 것입니다. 일일이 반응을 보이거나 신경 쓰며 고통스러운 모습을 보이는 것은 가해학생들이 원하는 것이기 때문입니다.

만약 신체폭력의 유형이라면 보디가드처럼 어른이 동행하는 것도 한 방법입니다. 하지만 B군 사례는 눈에 보이지 않는 유형이기 때문에 B군 스스로 자신의 감정을 다스릴 수 있도록 훈련을 받거나 노력하는 것이 중요합니다.

혼자 하는 것이 힘들다면 가까운 상담실의 선생님에게 속상한 감정을 풀어내고, 이에 대처할 수 있도록 감정과 상황을 조절할 수 있는 방법을 익히는 것이 중요합니다.

B군의 심리치료 비용을 가해학생에게서 받는 방법은 「학교폭력 예방 및 대책에 관한 법률」 시행령 18조에 있습니다. 교육감이 정한 전문 심리상담 기관에서 심리상담 및 조언을 받는 데 드는 비용, 교육감이 정한 기관에서 일시보호를 받는 데 드는 비용, 18조에 의한 의료기관에서 치료를 받거나 의약품을 공급받는 데 드는 비용을 받을 수 있습니다.

법률에서 말하는 교육감이 정한 전문 심리상담 기관에서 '심리

상담 및 조언, 일시보호, 치료 및 치료를 위한 요양'에 사용되는 비용은 가해학생의 보호자가 부담해야 합니다. 다만, 피해학생의 신속한 치료를 위해 학교장 또는 피해학생의 보호자가 원하는 경우 16개 시도에 설치되어 있는 학교안전공제회 또는 시도교육청에 치료비 등을 요청해서 지원받을 수 있습니다.

가해학생과 피해학생이 아닌,
동반자가 되세요

국민언니, 록 가수

하나, 서로 위로와 용기를 주는 멋진 친구

미국 프로야구 선수에 관한 감동적인 이야기가 있습니다. 메이저 리그 최초의 흑인 선수인 래리 도비는 우수한 타자였다고 합니다. 1947년의 어느 날, 도비가 클리블랜드 인디언스 팀의 선수로 출전하는 첫 날이었습니다. 스탠드를 꽉 채운 관중은 메이저 리그 최초의 흑인 선수인 도비를 주목했습니다. 전국의 야구팬들 기대 또한 대단했습니다. 그러나 도비는 우수한 타자였지만 극도로 긴장한 탓인지 타석에서 그만 삼진 아웃을 당하고 말았습니다.

투수의 공을 쳐보지도 못하고 삼진 아웃을 당했으니 얼마나 실망했겠어요. 도비는 힘없이 자리에 돌아가 두 손으로 머리를 감싸며 괴로워했습니다. 그런데 사람들을 감동시킨 것은 그 다음입니다. 도비 다음으로 타석에 나간 선수는 구단 최고의 강타자 조 고든이었습니다. 배트로 공을 맞히는 감각은 그 누구에게도 뒤지지 않는 매우 뛰어난 선수였습니다. 그런데 웬일인가요? 평소 같지 않게 고든은 타석에 들어서자마자 도비처럼 어이없이 삼진 아웃을 당한 것입니다.

고든은 도비와 마찬가지로 실망한 모습으로 힘없이 도비 곁에 앉아 두 손으로 머리를 감싸쥐었습니다. 고든이 일부러 삼진 아웃을 당했는지는 아무도 알 수 없습니다. 하지만 그의 행동에는 자기 같은 강타자도 공을 맞히지 못하는 때가 있다는 것을 팀 동료인 도비에게 보여주기에 충분했지요. 도비에게 낙심하지 말라며 위로와 배려의 뜻을 행동으로 몸소 실천한 것이기도 했습니다. 그후 두 선수의 우정은 오래도록 지속되었다고 합니다.

흑인과 백인, 신인과 고참, 무명 선수와 스타 선수의 벽을 뛰어넘은 고든의 위로와 격려하는 마음이 곧 아름다운 관계를 만들었던 것입니다. 어떤가요, 멋지지 않나요?

그렇다면 어린이, 청소년 여러분은 친구라는 말을 들으면 무엇이 떠오르나요? 먼저 그 친구와 나누었던 크고 작은 이야기와, 함께했던 여러 가지 추억이 생각나겠지요. 그리고 그 이야기 속에는 기쁘거나 슬플 때 함께했던 따뜻한 사랑도 있고, 힘들고 어려울 때 넌지시 해주었던 위로와 배려, 그리고 진실한 조언이 있을 것입니다. 주저하고 머뭇거릴 때 응원해주면서 용기를 주었던 일도 스쳐 지나가겠지요.

무슨 할 얘기가 그리도 많은지 시간 가는 줄 모르고 정신없이 떠들던 모습도 있겠지요. 그런 추억을 생각하면 입가에 미소가 번지며 마음이 포근해집니다. 그러고 보면 친구는 참으로 아름답고 소중한 존재입니다.

하지만 이와 반대의 경우도 우리 주변에는 정말 많습니다.

아름다운 추억이 아니라 잊고 싶은 추억, 원망과 증오의 대상으로 떠오르는 친구들도 있습니다. 친구들의 상처 주는 말로 고통을 받는 친구도 있고 집단으로 따돌림을 당해 학교 가기를 기피하는 친구도 있습니다. 폭력을 당해 다친 친구도 있습니다. 그렇게 고통을 당한 친구는 친구를 사귀거나 심지어 말을 건네는 것도 힘들어하기도 합니다. 언론에 오르내리는 학교폭력을 접할 때마다 마음이 쓸쓸하고 답답해집니다.

어린이, 청소년 여러분! 우리 인생이 얼마나 짧은 줄 아나요? 내가 나이를 아주 많이 먹은 것은 아니지만, 엊그제가 중고등학생 시절 같은데 벌써 마흔이 넘었으니 세월이 정말 빠르다는 생각이 드네요. 그런 생각이 들수록 정말 행복하고 즐겁게 살아야겠다고 마음을 다잡습니다. 대중음악을 하는 가수이니 내 노래를 좋아하는 팬들과 함께 감동과 사랑, 위로와 용기를 주는 노래를 들려주면서 멋지게 살고 싶어요.

그런데 요즘 들어 어린이, 청소년들 중에는 짧은 학창시절에 함께 꿈을 키우고, 서로 사랑과 용기를 주어야 하는 친구에게 서로 상처주고 상처받으며 고통스럽게 보내는 경우가 부쩍 늘었다고 합니다. 행복하고 즐겁게 살아도 부족한데, 괴롭고 힘들게 학창시절을 보낸다면 얼마나 허무하겠어요?

우리 한번 곰곰이 생각해봐요, 이제부터 친구에게 무엇을 해줄지를……. 우리가 소중하게 생각하는 사랑, 위로, 배려, 용기를 줄지, 아니면 폭언과 폭력, 왕따라는 상처를 줄지. 과연 어떤 것을 주어야 친구가 행복해하고 나도 행복할지를 떠올려 보세요. 친구와 주고받는 것이 무엇이냐에 따라 우리 인생도 달라질 수 있습니다.

친구에게 따뜻한 말 한마디, 포근한 미소를 선물해보세요. 하루하루가 달라질 거예요. 그런 사랑의 선물을 많이 건넬수록 나를 응원하고 지지해주는 친구들이 점점 넘쳐날 테니까요. 그 친구들과 함께하는 인생이야말로 활기찬 미래를 여는 소중한 보물입니다.

이제 어린이, 청소년 여러분도 조 고든이 되어보면 어떨까요? 주변에 도비처럼 낙담하고 실의에 빠진 친구가 있다면 고든처럼 위로와 용기를 주는 멋진 친구가 되어보면 어떨까요? 아마 나를 평생 지지해주는 소중한 친구를 얻게 될 것입니다.

자, 이제부터 여러분이 고든이 되기를 바라는 간절한 마음으로, 집단 따돌림과 학교폭력의 피해자였던 나의 어린 시절과 학창시절의 이야기를 전하고자 합니다.

둘, 어머니의 사랑으로 얻은 생명

"아기가 숨을 쉬지 않아요."

"네! 뭐라고요?"

전라남도 순천에서 둘째 아들이자 막내인 나는 태어날 때 저체중이라 죽을 고비를 맞았습니다. 어머니는 지금도 그때 일을 생각하면 가슴이 철렁 내려앉는다고 하시면서 내가 기적처럼 살아나 이렇게 성장한 것을 보면 눈물이 난다고 합니다.

태어나기 전부터 내가 좀 유별났나 봅니다. 어머니가 형을 낳고 어렵게 나를 임신했는데 열 달 내내 입덧으로 고생했다고 합니다. 어머니가 임신을 했는데도 별로 티가 나지 않아 주변에서 다 딸이 아니냐고 했다네요. 보통 딸을 임신하면 아들에 비해 배가 덜 불룩하다는 속설이 있다는데, 아마도 예로부터 아들을 귀하게 여기는 우리나라 문화에서 비롯된 이야기가 아닐까 싶습니다.

주변의 예상과 달리, 출산을 해보니 사내아이였고, 아들 형제를 얻자 어머니는 정말 날아갈 듯이 기뻤다고 합니다. 하지만 기쁨도 잠시, 어머니는 출산을 하자마자 의료진의 분주한 모습에 뭔가 이상한 기분이 들었다고 합니다.

"간호사님! 아기에게 뭐가 좋지 않나요?"

"아니요, 잠깐만요."

간호사가 정신없이 서두르자 어머니는 의사선생님에게 다시 물었습니다.

"선생님, 우리 아기는 어떤가요?"

"아기가 숨을 쉬지 않아요."

"네! 뭐라고요?"

"잠깐만 진정하세요."

아기가 숨을 쉬지 않자 너무 놀란 의료진은 어쩔 줄 몰라하며 당황해했습니다. 의료진이 급박하게 아기의 숨소리를 체크하며 응급 조치를 했지만 아기는 숨을 쉬지 않았습니다. 그 시간이 마치 하루처럼 길게 느껴질 정도로 어머니에게는 고통스럽고 피가 마르는 절박한 순간이었겠지요.

"흑흑…… 안 돼요. 선생님, 우리 아기 살려주세요, 네?"

어머니는 목놓아 울음을 터뜨렸고 급히 분만실에 들어온 아버지는 정신이 나간 사람처럼 우왕좌왕 어쩔 줄 몰라했다고 합니다.

그렇게 태어나자마자 세상 빛을 보기도 전에 내 얼굴에 차디찬 시트를 덮는 순간이었습니다.

"안 돼요!! 우리 아기 이렇게 보낼 수 없어요. 젖 한번 못 물리고 보낼 수 없어요. 엉엉……."

어머니는 눈물을 흘리며 태어나자마자 눈도 못 뜬 아기에게 젖을 물리겠다고 했지요. 의료진도 안타까운 마음에 나를 어머니 품에 안겨주었다고 합니다.

"아가야, 미안해, 미안해. 엄마 젖이라도 한번, 흑흑……."

처음이자 마지막으로 아기에게 젖을 물리려는 순간 기적이 일어났다고 합니다. 내가 어머니의 젖을 찾아 얼굴을 비비더니 젖을 빨기 시작했다는군요. 아직도 그때 그 순간 어떤 힘이 나를 다시 숨 쉬게 했는지는 알 수 없습니다. 하지만 어머니의 애끓는 사랑이 없었다면, 그 사랑의 힘으로 젖을 물리지 않았다면 지금 나는 이 세상에 없었겠지요. 그렇게 나는 태어나자마자 부모님에게 큰 불효와 기쁨을 함께 선사했는데, 단지 그 은혜 하나만으로도 감사의 눈물이 나오곤 합니다.

셋, 약한 몸과 아버지의 잦은 전근, 놀림감이 된 하얀 피부

태어나자마자 죽음의 문턱까지 갔다가 기적처럼 살아나서 그런지, 나의 성장은 더뎠고 체력이 약했습니다.

보통의 아기에 비해 훨씬 못 미치는 저체중으로 태어난 나는 그리 잘 먹지도 않고 튼튼하지도 못했습니다. 환절기에는 감기를 달고 살았습니다. 한창 가을인 10월부터 내복을 입는 것은 기본이었지요. 추운 혹한기에는 감기와 독감으로 학교를 빠지는 일도 허다했습니다.

어머니와 아버지는 그런 나를 튼튼하게 키우려고 전국 방방곡곡 유명하다는 한의원을 찾아다녔습니다. 특히 왜소한 나의 체격에 도움이 되는 일이라면 뭐든지 하셨습니다.

녹용과 인삼을 비롯한 보약은 물론이고 칡, 보신탕까지, 나는 듣지도 보지도 못한 보약과 음식을 철마다 먹어야 했습니다. 전국 팔도에서 나는 귀한 음식들로 매일 맛있는 음식을 차려주시고, 틈틈이 운동을 하게 도와주셨습니다. 하지만 선천적으로 허약한 나는 많은 음식을 소화할 수도 없었습니다. 운동도 하루에 한 시간만 해도 지쳐서 나가떨어지기 일쑤였습니다.

야속하게도 그 어떤 보약과 음식, 부모님의 노력도 나의 체중을 늘려주거나 튼튼하게 해주지 못했습니다.

"경호야, 축구하자."

"그래. 아…… 아, 아니야. 나 집에 가야 돼."

체격이 왜소하고 워낙 몸이 약하다 보니 다른 남자아이들처럼 밖에서 뛰어노는 시간이 많지 않았습니다. 조금만 놀아도 쉽게 지치고 피로했습니다. 심지어 다음날에 앓아눕기까지 했습니다. 당연히 학교생활도 정상적이지 못하고 성격도 소심해졌지요. 그런 아들을 지켜보는 어머니는 늘 안타까워했습니다.

그런데 정작 학교생활의 문제는 왜소하고 허약한 체력과 함께 다른 곳에서 벌어지기 시작했습니다.

어린 시절, 특히 초등학생 때 친구관계를 형성하는 것은 매우 중요합니다. 가치관이나 사물을 보는 인식이 제대로 형성되지 않았기에 같은 또래집단에서 어떻게 행동하고 처신해야 하는지를 또래들을 통해 배우는 시기이기 때문입니다.

다시 말해, 잘못을 하고 실수도 하면서 말과 행동을 교정해나가고, 상대방을 어떻게 배려해야 하는지 또래와의 관계에서 배울 수 있기 때문이지요.

하지만 나는 그런 기회를 제대로 갖지 못했습니다. 아버지가 방송국 아나운서였는데 반드시 지방 근무를 해야 했기에 전근이 잦았습니다. 그때마다 나 또한 전학을 가다 보니 친구관계를 형성하는 것이 어려웠습니다.

모든 아이들이 다 그런 것은 아니지만, 무엇보다 바람직한 것은 한 학교에 다니면서 다양한 친구들과 지속적으로 어울리고, 얘기도 하면서 지내야 한다는 점입니다. 하지만 나는 그렇지 못했지요.

"김경호, 너 전학 가냐?"

"응."

"너희 집, 이사하는구나?"

"아빠가 다른 곳으로 전근 가셔."

"잘 가, 경호야."

한두 명 친한 친구가 생겨도 전학 가면 아무 소용이 없었습니다. 몸도 약한 나에게 전학은 고통이었습니다. 전학 갔을 때 아이들은 이미 친구관계가 되어 있는데 새롭게 시작해야 하는 어린 나에게는 꽤나 스트레스를 받는 일이었지요. 전학 가서 웬만큼 적응하면 그새 다른 학교로 옮기는 일이 반복되다 보니 나중에는 아예 친구를 사귈 생각조차 하지 않게 되었습니다.

지방은 서울과 많이 달랐습니다. 어린 시절에 내가 살던 곳은 거의 시골이나 마찬가지였습니다. 지금 아이들은 학교가 끝나면 바로 학원에 가거나 사교육을 받는 분위기이지만 나의 어린 시절은 그렇지 않았습니다. 학원은커녕 학교를 마치면 대부분의 아이들이 저녁 먹는 것도 잊고 밤늦게까지 들로, 산으로 뛰어놀았습니다.

"동석아! 홍주야! 문경아! 놀~자."

늦은 저녁에도 동네 여기저기에서 같이 놀자는 소리가 들렸습니다. 몇몇 아이들은 더 놀려고 하다가 엄마한테 몇 대씩 등짝을 얻어맞으면서 집으로 끌려오는 일이 많았습니다. 하지만 난 그런 모습을 항상 내 방 창문으로만 바라볼 수밖에 없었습니다. 몸이 왜소하고 약하기도 했지만 결정적인 또 하나의 이유는 선천적으로 하얀 피부 때문이었습니다.

밖에서 노는 시간보다 나는 집에 있는 시간이 더 많았습니다. 그래서인지 친구들의 얼굴은 점점 검게 그을렸지만 내 피부는 점점 더 하얘지는 것만 같았습니다. 그런데 잦은 전학과 함께 내 하얀 피부가 남자아이들에게 놀림감이 되었습니다.

"경호는 여자애래요. 치마 입으면 여자래요."

"내가 왜 여자야?!"

화가 나 소리쳐 보았지만 짓궂은 남자아이들은 아랑곳하지 않고 노래를 부르며 놀려대곤 했습니다. 그럴 때마다 소심하고 몸이 약했던 나는 온갖 스트레스에 마음 깊이 상처를 받았습니다. 화를 풀 데가 없으니 괜스레 어머니를 탓했습니다.

'다른 아이들보다 작게 태어나게 했으면 피부라도 좀 검게 낳지, 이게 뭐야? 애들이 놀리기나 하고. 몸이 약해 친구들과 재미있게 놀지도 못하고, 아버지가 자주 전근을 하니 친구도 거의 없고. 뭐가 이래? 재미있는 게 하나도 없어.'

어느 날 공책을 사러 문방구에 갔는데 주인아저씨가 나에게 이렇게 말했습니다.

"서울서 전학 왔구나. 역시 서울 애들은 달라. 피부 뽀얀 것 좀 봐. 남들이 보면 여자아인 줄 알겠다."

"네? 아……"

지금 생각하면 별것 아닌데 창피하기도 하고 친구들과 다르게 보인다는 것이 왠지 부담스럽고 싫었습니다. 나는 사려던 공책을 사지도 못하고 황급히 문방구를 나오고 말았습니다. 문방구 주인 아저씨에게 몸이 약해 자주 밖에 나가지 못해서 그렇다고 얘기하는 것이 싫었기 때문입니다.

'저 아저씨는 아무 것도 모르면서 놀리고 그래. 서울엔 가본 적도 없는데.'

괜히 신경질이 나 애꿎은 돌을 차며 화풀이를 했습니다. 그렇게 초등학교 시절은 제대로 친구를 사귀지도 못하고 그냥 집에서 나만의 세계에 빠져 지낼 수밖에 없었습니다.

넷, 모든 것이 원망스러웠던 중학교 시절

어렵게 초등학교를 보내고 중학생이 되었습니다. 중학생이 되자 주변 친구들은 신체적으로 완전히 아이 티에서 벗어났습니다. 목소리가 굵게 변하고 체형도 많이 변했는데 거짓말 같지만 나는 그대로였습니다. 그리고 중학교 2학년 여름방학이 끝난 직후 나의 충격은 이루 말할 수가 없었습니다.

개학날 교실에 들어서는 순간 나는 교실을 잘못 찾은 줄 알았습니다. 그때까지 방학이 되어서도 거의 집에만 있었던 나는 교실에 들어서자 방학 전에 내가 알던 반 아이들이 거의 없었습니다.

'어찌된 일이지? 내가 반을 잘못 찾았나……?'

순간적으로 착각을 일으킨 것이라 생각하고 교실 밖을 나와 다시 반을 확인한 후 교실로 들어갔습니다. 자세히 보니 반 친구들은 여름방학 동안 내가 생각한 이상으로 키와 덩치가 훨씬 커져 있었습니다. 몇몇 아이들은 정말 어른처럼 커져 있었습니다.

평소 때처럼 조용히 자리에 앉아 있었는데 반 친구들의 분위기가 1학기와는 딴판이었습니다. 특히 덩치 큰 뒷자리의 친구들이 심상치 않았습니다. 쉬는 시간이면 책상에 걸터앉아 자기들만의 세계를 만들고 있었습니다. 힘이 약한 친구들에게 심부름을 시키고 욕설도 서슴없이 내뱉었고 심지어 돈을 꾸고도 갚지 않았습니다.

"야, 너 돈 얼마 있어?"

"으……응 500원."

힘이 약한 친구들은 마지못해 대답을 했습니다. 물론 나도 예외는 아니었습니다.

"어이 짜식, 500원밖에 없어? 이리 줘봐. 나중에 갚을게."

돈을 뺏기고도 어떻게 할 수 없기에 힘이 약한 아이들은 돈을 가지고 다니지 않았는데 그것이 문제가 되었습니다. 돈이 왜 없냐고 괴롭힘을 당했으니까요. 지금도 청소년 흡연이 큰 사회적 문제인데 그 친구들이 담배도 피운다는 것을 알게 되었습니다. 정말 여름방학 전의 같은 반 친구들이 아니었습니다.

그런데 그런 상황이 나에게 큰 화근이 되었습니다. 어느 날, 흡연을 눈치챈 선생님은 가방 검사를 하였고, 그중 몇 명은 담배가 발각되어 교무실로 불려가 엄청나게 혼이 났습니다. 그 사건 이후 반에서 제일 약하기도 하고 얌전하게 보였던 나는 그 친구들의 집단적인 괴롭힘의 대상이 되었습니다.

"야, 김경호! 이리 따라와 봐."

담배를 피우며 평소 불량한 태도를 보였던 친구가 쉬는 시간에 갑자기 나를 불렀습니다. 왠지 불안하기도 하고 짜증이 났지만 따라가지 않을 수도 없었지요. 학교 뒷산이었습니다. 우리 반 친구들뿐만 아니라 덩치 큰 다른 반 친구들도 있었습니다. 다시 말해 학교에서 노는 친구들이 모두 모여 있었습니다. 학교 뒷산은 그런 친구들이 담배를 몰래 피우는 아지트였지요.

"아~ 좋다."

아이들은 너도 나도 담배를 피우며 침을 연신 내뱉었습니다. 한바탕 담배를 피우고 나서 수업 시작종이 울릴 무렵 아이들은 서둘러 각자 남은 담배를 모으기 시작했습니다. 그러고는 나를 부른 친구가 담배를 몽땅 내 주머니가 넣는 것이었습니다.

"야, 김경호! 점심시간에 담배 가지고 여기로 와. 늦으면 알지?"

아이들은 깔깔대며 순식간에 각자 교실로 흩어졌습니다. 순간 너무 황당해 어이가 없었지만 뭐라고 대꾸할 용기가 없었습니다.

얼마 전 가방 검사로 선생님께 걸린 아이들이 작당을 한 것이지요. 선생님께 걸릴까 봐 나에게 담배를 몽땅 맡기고 쉬는 시간마다 학교 뒷산으로 담배를 가져오라는 것이었습니다. 그날 이후 나는 쉬는 시간 종이 울리면 가장 빨리 교실을 빠져나가 제일 늦게 들어왔습니다. 점심시간에도 빛의 속도로 밥을 먹고 학교 뒷산으로 향해야 했습니다. 행여 조금이라도 늦으면 쏟아지는 구타를 견딜 수 없었기 때문이지요.

– 퍽퍽!

"야, 너 1분 늦을 때마다 열 대씩이라고 했지?"

– 윽, 으윽."

그날 이후 나의 학교생활은 엉망진창이 되었습니다. 학교에 가고 싶지 않아 부모님께 도움을 청하고 싶었지만 보복이 두려워 그러지도 못했습니다. 하루하루가 답답함과 고통의 연속이었습니다.

차라리 내가 담배를 갖고 다닌다는 것을 선생님에게 발각되었으면 싶었습니다. 그러면 아이들이 더 이상 담배 심부름을 시키지 않을 테니까요. 선생님이 다시 가방을 검사하기를 하루하루 손꼽아 기다렸습니다. 마침내 수업 시간에 자주 늦게 들어오는 나를 담임 선생님이 불렀습니다. 나는 속으로 환호를 질렀습니다.

'그래 오늘로 끝이다, 끝! 선생님, 제발 제 가방과 주머니를 검사해주세요!'

2미터도 채 되지 않는 교탁 앞으로 다가서는 그 거리가 정말 멀게 느껴졌습니다. 뒤에서 담배 심부름을 시키는 아이들의 따가운 시선도 느껴졌습니다. 하지만 기대와는 달리 정반대의 결과가 벌어졌습니다.

"김경호! 너까지 담배를 피워? 이 자식이!"

교탁 앞에 서자마자 화가 난 선생님은 나를 마구 때리기 시작했습니다. 조금 전까지 아이들이 피워대는 담배 연기 속에 있었으니 내 옷에 이미 담배 냄새가 흠뻑 배어 있었습니다. 선생님에게 맞으면서 주머니에서 담배가 쏟아져 나오자 나는 더 이상 변명할 수도 없었습니다.

그동안 믿어왔던 선생님도 원망스러웠고 "이 담배는 쟤들 거예요"라고 말하지도 못한 내 자신에게 정말 화가 났습니다. 그 이후로 나는 어떤 말도 할 수 없었습니다. 그 친구들이 나에게 준 것은 폭력, 따돌림, 증오뿐이었습니다.

다섯, 놀림감이 된 고등학교 시절,
구세주가 되어준 나의 형

폭풍과도 같은 중학교 시절을 보내고 고등학생이 되었습니다. 나는 여전히 소심한 성격에 조용히 학교를 다니는 평범한 학생이었습니다. 좋은 점이 있다면 담배 심부름을 시킨 아이들이 뿔뿔이 흩어져 더 이상 학교에서 그런 수모를 겪지 않아도 된다는 점이었습니다. 하지만 그것도 잠시, 더 큰 고통이 기다리고 있었습니다.

내가 진학한 고등학교에는 유난히 복학생이 많았습니다. 당시에는 학교에서 문제를 일으키거나 심하게 아픈 경우 학년을 유급하했는데, 대부분 사고를 일으켜 학교를 쉬는 경우가 대부분이었습니다. 고등학교 1학년 새 학기 첫날, 교실에 들어서는데 덩치가 유난히 큰 복학생 형이 나를 불렀습니다.

"야 너, 이리 와봐."

"……"

잠시 나오라는 눈짓으로 나를 쳐다보기에 이미 중학교에서 담배 심부름에 이골이 난 나는 아무 생각 없이 따라나섰습니다.

한편으로는 담배 심부름 정도는 기꺼이 하겠다는 마음도 있었습니다. 화장실 뒤로 나를 데려간 복학생 형은 말없이 담배를 꺼내 물었습니다. 그리고 나를 아래위로 쳐다봤습니다. 뭔가 이상했습니다. 도무지 이해가 되지 않았습니다. 순간 복학생 형 옆에 있던 친구들이 내 팔을 붙잡았습니다.

"짜식, 예쁘게 생겼는데?"

그러더니 내 얼굴과 목, 허리를 만지작거렸습니다. 초등학교 때도 여자애 같다고 놀림을 당했는데 고등학생이 되어서 이런 수치스러운 일을 당하니 견딜 수가 없었습니다. 그날 이후 나는 그 복학생 형을 일부러 피하고 눈도 마주치지 않았습니다. 하지만 내가 그럴수록 그 복학생 형은 장소를 가리지 않고 때리기 시작했습니다. 더 이상 참을 수 없어 난생처음으로 소리를 지르며 대들었습니다.

"왜 그래요? 형한테 내가 뭘 어쨌다고. 왜 이렇게 괴롭혀요?"

그러자 복학생과 그 무리들이 삽시간에 모여들어 나를 때리기 시작했습니다. 정말 죽을 만큼 맞은 것 같았습니다. 그런데 더 화가 나는 것은 반 친구들 중에 누구 하나 나서서 도움을 주지 않았다는 점이었습니다. 보복이 두려워 그렇다지만 무리에게 구타를 당한 뒤 나에게 따뜻한 말을 건네는 친구가 정말 아무도 없었습니다.

나는 점점 학교폭력과 집단 따돌림으로 하루하루 고통 속에 더욱 외롭고 혼자가 되어갔습니다. 아무도 믿을 수 없다는 생각이 들 때는 세상을 등지고 싶은 마음까지 들었습니다.

하루하루 지쳐갔습니다. 아무런 의욕도 없었고, 맞지 않고 학교에 다닐 수 있다면 그나마 행복이라고 느꼈습니다. 그렇게 실의에 빠져 지내는데 "발 없는 말이 천 리를 간다"고 이웃 고등학교에 다니던 형에게 어느새 내 상황이 전해진 모양입니다.

나보다 두 살 위인 형은 목포 일대에서 유명 인사였습니다. 공부도 잘하고, 노래도 잘하고, 운동도 잘하는 요즘 말로 목포 최고의 '엄친아'였습니다. 지금 생각해보면 나와 형이 같은 학교에 다녔으면 내가 이런 굴욕까지 맛보지는 않았을 것입니다. 하지만 무슨 운명의 장난인지, 다른 학교에 배치되었습니다.

초등학교 시절에 소심한 성격에 체격이 왜소하고 약한 내가 그나마 견딜 수 있었던 것은 형의 도움이 컸습니다. 형은 언제나 나의 보호자가 되어주었습니다. 하지만 중고등학생이 되면서 형은 다양한 학교활동과 대외활동으로 정신없이 바쁜 나날을 보냈습니다.

학교 대표로 각종 대회에 참가했을 뿐만 아니라 노래와 운동 등 각종 동아리 활동으로 바쁘게 지냈지요. 마치 유명 연예인의 스케줄을 방불케 했습니다.

사실 중학생이 되면서 나는 그런 형에게 은근히 질투심을 느꼈습니다. 더 이상 형에게 의지하고 싶지 않아 우리 형제는 소원해졌지요. 하지만 나에 대한 형의 애정에는 변함이 없었습니다. 동생 일이라면 언제 어디서나 달려올 준비가 되어 있었습니다. 어느 날, 형이 어디서 듣고 왔는지 날 불렀습니다.

"김경호! 이리 와."

"왜? 왜 그러는데?"

"지금부터 솔직하게 얘기해. 학교에서 무슨 일 있었어?"

"아니. 왜 그러는데?"

"그런 일이 있으면 형한테 얘기를 했어야 할 게 아니야, 인마."

형은 불같이 화를 냈습니다. 그렇게 화내는 모습은 처음이었지요. 순간 형이 이미 알고 있다고 느꼈고, 학교생활이 너무도 힘들었기에 눈물을 흘리며 그동안의 상황을 얘기했습니다. 형은 치밀어 오르는 분노를 애써 참으며 한마디만 했습니다.

"알았어."

다음날 형은 학교에 찾아와 그동안 나를 엄청난 고통과 괴로움을 주었던 복학생 문제를 말끔히 해결해주었습니다. 지금 생각하면 그 당시 내가 얼마나 소심하고 융통성이 없었는지, 정말 바보 같았다고 느낍니다.

그래서 학교에서 폭력이나 집단 따돌림을 당하는 어린이, 청소년에게 꼭 하고 싶은 말이 있습니다. 절대 혼자서 고통과 괴로움을 당하지 말라고 간절하게 부탁하고 싶습니다. 학교폭력이나 집단 따돌림을 당했을 때 최대한 빨리 부모, 형제, 선생님, 친구, 보호단체 등에 도움을 청하라는 것입니다. 보복이 두려워 아무 도움도 청하지 못하고, 고통을 홀로 견디며, 시간이 해결해주리라 생각한다면 사태를 더욱 악화시키는 결과만 가져올 뿐입니다. 고통을 당하는 피해학생도 그렇지만, 폭력을 행사하는 가해학생도 그 악의 수렁에 더욱 빠져들어 더 많은 학생들을 괴롭히기 때문이지요.

그후 나는 전보다 훨씬 편안하게 학교생활을 할 수 있게 되었습니다. 하지만 언제나 형의 보호막 아래 지낼 수는 없었지요. 불량한 친구들이 다른 방식으로 날 괴롭히기 시작했습니다. 나는 점점 학교생활에서 의미를 잃게 되었습니다.

여섯, 사랑은 받는 것이 아니라
주고 찾는 것

그렇게 의미 없이 학교생활을 하고 있을 때 내 인생을 다시 시작할 수 있는 계기가 찾아왔습니다. 형이 순천에서 열리는 청소년 가요제에 참가한 것이었습니다.

"김경호! 오늘 가요제에 꼭 와. 와서 박수 미친 듯이 쳐줘."

"정말 나가는 거야? 알았어."

무료하게 학교생활을 하던 나는 답답한 마음도 풀 겸 가요제가 열리는 장소에 갔습니다. 그리고 전혀 예상하지도 못했는데 형이 동상을 수상했습니다. 평소 노래에 남다른 끼를 보이던 형이지만 상까지 받을 정도의 실력인 줄은 상상도 못했습니다. 형 친구들이 환호를 하고 여기저기에서 축하가 쏟아졌습니다.

"야, 축하한다. 대학 가면 대학가요제 나가 대상 먹어야지?"

"우리가 보기에는 네가 대상인데, 축하한다."

그날 밤 나는 많은 생각을 했습니다. 형의 그런 당당한 모습과 노래 실력이 정말 부러웠습니다. 그동안 형이 저렇듯 멋지게 자기 자신을 만들면서 살았는데 나는 왜 이렇게 사는지 답답하고 괴로웠습니다.

'형이 노래를 잘 부르는데 나도 노래를 하면 안 될까? 나나 형이나 똑같이 엄마 아버지 자식이잖아. 체격에서 차이가 크지만 운동도 아니고 형이 저 정도의 노래를 하면 나도 잘할 수 있지 않을까?'

더 이상 물러설 곳이 없다고 생각했습니다. 나도 한 번쯤은 미친 듯이 해야 할 그 무엇을 찾지 않으면 안 된다는 절박함이 생겨나기 시작했습니다. 이번만큼은 그 무엇을 반드시 찾고 싶었습니다.

그렇게 생각하자 나도 모르게 의욕이 솟구쳐 올랐습니다. 형제였기에 나도 하면 될 수 있지 않을까 자신감도 생겼습니다.

'형이 동상이면 난 적어도 입상 정도는 하지 않을까? 그래, 나도 노래를 해보자.'

그 이후 나는 남 몰래 노래 연습을 하기 시작했습니다. 행여 누구에게 들킬까 봐 식구들이 다 잠든 사이에 노래 연습을 했습니다. 형이 노래하는 모습을 먼발치에서 보면서 연습하고 또 연습했습니다. 초등학교와 중학교, 고등학교 생활을 거치면서 하고 싶은 일이 있어도 제대로 해본 적이 없던 나였습니다. 소심하고 허약하다는 이유로 어떤 일에서든지 적극적이지 못했고 학교폭력과 집단 따돌림이라는 고통 속에 의욕을 잃었던 나였습니다. 그런데 막상 노래 연습을 하자 그동안 잠재해 있던 나 자신을 찾게 되었지요.

그런 내가 당당하게 EBS 청소년 창작가요제에 참가하여 동상을 수상했습니다. 대학에 들어가서는 대학가요제에서 동상을 수상하였고, 1994년 스물네 살에 가수로 정식 데뷔를 하게 되었습니다.

마침내 평생 내가 미친 듯이 추구해야 할 노래라는 소중한 가치를 발견하고, 학교폭력과 집단 따돌림에 시달렸던 내가 진정 새롭게 태어나게 된 것은 모두 형 덕분입니다.

지금 대중가요 록 가수로 많은 사랑을 받고 있지만 지난 학창시절을 생각하면 여전히 그 상처와 고통이 떠오릅니다. 다행히 나를 진정으로 사랑하고 지원해준 가족이 있어 그 아픔을 헤쳐나와 열심히 노력한 결과 지금의 내가 있지만, 불행했던 학창시절에 너무나 아쉬움이 큰 것이 못내 서글픕니다.

"너도 문제 있었던 거 아니야?"

내가 집단 괴롭힘이나 학교폭력에 시달렸던 과거를 말하면 많은 사람들이 쉽게 그렇게 말합니다. 당연히 나에게 문제가 있었고 보통 아이와 다른 점이 있었다는 것은 부인할 수 없습니다. 하지만 아무리 생각해도 문제가 있다고 차별을 받거나 상처를 받아야 한다는 것은 말이 되지 않지요. 그런 말을 들으면 답답하고 속이 상하기도 합니다. 중요한 것은 내가 아무리 문제가 있다 하지만 그 누구에게도 피해를 주지 않았다는 점입니다. 더욱 중요한 것은 소심하거나 약하다고 해서 힘이 센 사람이 폭력을 가해도 상관없다는 이유가 될 수 없습니다.

어린이, 청소년 여러분! 다시 한 번 강조하지만 우리가 살아가는 인생은 너무도 짧습니다. 그 짧은 인생을 어떻게 살아가야 할지는 스스로의 몫입니다. 우리의 인생은 가해학생이 될 것인지, 피해학생이 될 것인지의 선택이 아닙니다. 더불어 함께 살아가는 인생이 되려면 가해학생과 피해학생의 관계가 아니라 사랑과 배려, 용서와 격려 속에 함께 행복하게 살아가는 동반자를 많이 만들어야 합니다.

'사랑은 받는 것이 아니라 주는 것'이라는 노래 가사처럼 베풂으로써 어린이, 청소년 여러분 모두가 행복하고 즐거운 하루하루를 보냈으면 합니다. 그리고 그 행복의 활기참으로 모두가 멋진 꿈을 이뤘으면 하는 바람입니다.

선천적으로 몸이 허약했던 경호 아저씨는 중학교 2학년 때 '담배 셔틀'을 당했습니다. 쉬는 시간이나 점심시간마다 학교 뒷산으로 노는 아이들에게 담배를 가져다줘야 했습니다. 용기가 없어 차마 알리지 못했는데 담임선생님마저 경호 아저씨를 믿지 못하고 일방적으로 구타를 했지요. 결국 아저씨는 '담배 셔틀'에서 벗어나지 못했습니다.

이러한 학교폭력은 고등학교에서 괴롭힘과 신체 폭행으로 계속 이어집니다. 게다가 학교폭력 피해를 당하는 것을 보면서도 보복이 두려워 도와주지 않는 친구들에게 실망하게 되지요. 경호 아저씨는 그런 친구들에게 배신감을 느꼈을 것이고 자신을 도와줄 친구가 아무도 없다고 생각하며 혼자 외롭게 학교생활을 했을 것입니다. 이 글을 읽는 친구들 중에도 경호 아저씨와 비슷한 감정을 느끼는 친구도 있을 것입니다.

학창시절에 경호 아저씨와 비슷하게 학교폭력을 당한 사례가 있습니다. 강도 행위를 했다가 경찰에 잡힌 고등학생 A군이 있습니다. 법정에서 강도사건에 대해 진술을 하던 A군은 충격적인 이야기를 털어놓았습니다.

학교폭력에 수년간 시달렸던 A군은 그 폭력이 너무 무섭고 두려워 가출을 했다는 것입니다. 막상 가출을 하고 보니, 돈이 없어 먹고 자고 지내는 것이 힘들어 강도짓을 선택하게 되었다고 합니다.

A군의 이야기를 자세히 들어보니 폭력을 가하며 괴롭힌 친구들은 같은 고등학교에 다니는 5명의 친구들이었습니다. A군을 괴롭힌 방식은 2년 동안 학교에서 수차례 물리적으로 폭행하고 속칭 '빵 셔틀'이라는 과자 심부름을 강요한 것으로 밝혀졌습니다. 그런데 더욱 놀라운 사실은 A군이 중학교 시절부터 같은 학년 학생들에게 성적 괴롭힘을 당했다는 것이 경찰조사에서 밝혀졌습니다.[4]

경호 아저씨의 이야기와 A군의 이야기는 비슷한 부분이 많습니다. 먼저 학교 친구들에게서 괴롭힘, 신체폭행과 셔틀을 당했습니다. 또한 몇 년 동안 주변 친구들이 방관만 할 뿐 아무런 도움을 주지 않았다는 점입니다. 그런데 요즘 발생하는 학교폭력은 마치 노예처럼 주어진 명령을 무조건 따라야 하는 빵 셔틀, 자신이 다 쓰게 된 스마트폰 무선 데이터 용량을 대신하는 '스마트폰 테더링', 기능을 통해 중계기 역할을 하는 '와이파이 셔틀' 등등 마치 종합선물세트처럼 다양한 학교폭력 유형이 동시다발적으로 피해학생에게 집중적으로 벌어지고 있다는 점입니다.

아마 이 글을 읽으면서 공감하는 친구들도 많을 것입니다. 스마

---

4 연합뉴스, 「강도 고교생, 2년간 '빵 셔틀'에 시달려」(2013. 4. 10, 17:16 송고) 참조.
http://www.yonhapnews.co.kr/bulletin/2013/04/10/0200000000A
sssKR20130410189500054.HTML?from=search

트폰이 대중화되면서 학교폭력의 방법도 더욱더 교묘해지고 있습니다. 요즘에는 초등학교에서도 스마트폰을 이용한 사이버 폭력이 다양하게 일어나고 있다고 합니다.

그렇다면 가해학생들이 이런 종류의 학교폭력을 하는 이유는 무엇일까요? 먼저 학교폭력 가해학생들은 자신의 욕구를 충족시키기 위해 폭력을 합니다. 예를 들면 자신이 배가 고파서 '빵 셔틀'을 시키거나 숙제하기 싫어서 '숙제 셔틀'을 시키는 것이지요. 뿐만 아니라 가해학생들은 장난으로 그런 폭력을 일삼는다는 점입니다. 심심해서 집단으로 무리지어 체구가 작고 힘이 약한 친구를 장난감 가지고 놀듯 폭력을 가합니다. 집단으로 폭력을 하기 때문에 죄책감도 낮습니다.

주변에 힘이 약해 보이거나 신고를 안 할 것 같은 착한 친구를 대상으로 마치 노예처럼 명령을 내리며 셔틀을 강요하거나, 폭력을 당하는 친구를 못 본 척 그냥 지나치지는 않았나요? 경호 아저씨와 A군의 사례에서 볼 수 있듯이, 우리 주변에는 못 본 척하고 도와주지 않는 방관자 친구들이 많습니다. 그렇다면 방관하는 친구들은 왜 못 본 척하고 지나쳐 버리는 것일까요?

먼저 가해학생들에 대한 보복이 두려워서 도와주지 못한다고 합니다. 또 괜히 학교폭력에 개입했다가 본인도 피해학생이 될까 염려하는 마음에 나서지 못한다고 합니다. 사실 마음으로는 도와주고 싶은데 어떻게 도와줘야 할지 모르겠다고 합니다. 그렇다면 방관하는 친구들이 피해학생을 도우려면 어떻게 해야 할까요?

먼저 「학교폭력 예방 및 대책에 관한 법률 제20조」를 보면 학교 폭력 현장을 보거나 그 사실을 알게 된 자는 학교, 117 학교폭력 신고센터 등 관계기관에 즉시 신고해야 합니다. 그리고 「20조 5항」에 따르면, 학교폭력을 신고한 사람에게 그 신고행위를 이유로 불이익을 주어서는 안 된다고 명시되어 있습니다. 그러니 신고해서 본인이 불이익을 당할까 봐 염려하지 않아도 됩니다.

그리고 노예처럼 셔틀을 당하는 친구에게 방과 후에라도 연락해서 위로해주거나 함께 있어준다면 피해 친구에게 큰 힘이 될 수 있습니다.

다음은 담임선생님이나 학교폭력 전담선생님에게 발신인에 1004라고 찍어서 학교폭력 사건을 문자로 알립니다.

이 밖에 사이버 폭력에서 벗어날 수 있는 방법 또는 예방법은 다음과 같습니다.

첫째, 사이버 폭력 징후를 발견하면 SNS를 사용하지 않거나 즉시 차단합니다.

둘째, 사이버 폭력 증거자료를 캡처하여 증거자료를 확보한 후 사이버수사대, 117에 신고합니다.

셋째, 2012년 3월 「학교폭력 예방 및 대책에 관한 법률」이 개정되면서 사이버 따돌림이 학교폭력에 해당된다는 점을 염두에 두고 소셜미디어 상에서 조심해야 합니다.

넷째, 피해학생의 마음을 공감하고 이해하려고 노력해야 합니다.

다섯째, 사이버 공간에서 친구를 따돌리거나 욕설, 악플을 달지
않아야 합니다.

사이버 폭력을 당할 때 도움 받을 수 있는 기관은 어디일까요?

1. 청소년폭력예방재단 상담치료센터 문의게시판(www.jikim.ssnet/
   clinic), wee 온라인 상담(www.wee.or.kr)
2. 모바일 신고(m.safe182.or.kr)

보복이 두려워 신고하지도 못해요

- 사례 유형 : 금품 갈취
- 피해학생 : 총 1인(중 2, 남)
- 가해학생 : 비행 집단과 총 2인(중 2, 남)

중학교 2학년인 A군은 평소 활발하고 친구들과 잘 지내는 편이었습니다. 그런데 A군이 반에서 자주 손들고 발표하자 B군 등은 A군이 나댄다는 이유로 괴롭히기 시작했습니다.

A군에 대한 괴롭힘은 신체적, 언어폭력에 그치지 않았습니다. 그 괴롭힘이 점점 심해져 같은 반 B군을 비롯해 다른 반 학생들이 A군에게서 몇 십만 원의 금품을 갈취하기 시작했습니다. A군이 돈이 없다고 하면 화장실로 불러내 얼굴에 주먹질을 한 뒤, 만약 돈 가지고 오지 않으면 어떻게 될지 명심하라며 휴대전화 문자로 위협하고 협박했습니다.

생일선물로 2만 원 가져오라, 게임에서 졌으니 3만 원 가져오라, 바지를 잘못 줄여왔으니 3만 원 가져오라, 지갑을 잃어버렸으니 돈을 가져오라 등등, B군을 비롯한 가해학생들이 A군에게 돈을 빼앗은 이유도 다양했습니다.

이렇게 하다 보니 A군은 그 친구들에게 몇 십만 원을 빼앗겼습니다. A군은 그럴 때마다 보복이 두려워 반항조차 하지 못하고 부모님 지갑에서 몰래 돈을 갖다주었습니다. 돈을 구하지 못하면 학원에도 가지 못했습니다. 폭력을 당하고 보복이 너무 두려워 부모님과 선생님에게 알릴 수도 없다며 답답함에 괴로워했습니다.

A군은 스스로 심리적으로 많은 갈등을 느끼고 있다며 심리검사를 해보고 싶다고 했습니다. 잠을 자면 수시로 악몽을 꾸고, 두려워서 다시 잠들 수가 없다고 합니다. 공부도 꽤 잘했지만 지금은 학교 가기가 싫다고 합니다. A군에게는 심리적인 치료와 도움이 절실한 상황입니다.

학교폭력 피해학생들의 심리적 단계를 보면, 처음에 당했을 때는 불안과 두려움을 느끼게 됩니다. 중간단계에 들어서면 심한 불안, 두려움, 수치심을 느끼며 아무것도 할 수 없는 무력감, 복수하고 싶은 강한 욕구가 생기게 됩니다. 고위험 단계에서는 정신병리적 증상을 동반하여 약물 복용이 필요한 단계에까지 이르기도 합니다.

A군의 친구 두 명은 나댄다는 이유로 괴롭히기 시작하다가 금품 갈취와 폭력, 협박 등 종합선물세트처럼 다양한 학교폭력을 가하고 있습니다. A군은 현재 가해학생들이 무서운 존재일 뿐만 아니라 어설프게 신고했다가는 더 심한 보복을 당할까 두려워서 신고도 못하고 있는 단계입니다. 피해학생의 심리적 단계를 보면 중간단계에 있습니다.

답답한 점은, 과연 A군은 언제까지 가해학생들에게 돈을 갖다줘야 할까요? 그날이 오기는 할까요? A군이 지금까지 선택한 대처방법을 고수한다면 학교폭력은 끝이 없을 것 같습니다. 따라서 A

군이 그동안 선택하지 않은 방법을 선택해야 합니다.

첫째, 증거를 모아야 합니다. 협박 문자, 전화 내용 녹음, 그동안 돈을 주었던 내역, 심리적으로 많이 힘들었을 때 적었던 일기장이나 기록장 등과 함께 금품 갈취나 협박 등을 당한 것을 진술해줄 수 있는 친구들의 이름을 기록해두어야 합니다.

둘째, 담임선생님이 적극적으로 도움을 줄지 확신이 들지 않을 때에는 부모님에게 말씀드려서 더 이상 학교폭력을 당하지 않게 도와달라고 해야 합니다.

예를 들어 가해학생들이 처벌을 받고 더 이상 재발하지 않게 대책을 마련한다거나 가해학생들의 전학을 요구하는 것 등입니다.

그저 참는다고 모든 문제가 해결되는 것이 아니라는 점을 명심하세요. 그러니 적극적으로 대응하는 것이 필요합니다. 가해학생들도 A군의 적극적인 대응에 처음에는 놀라서 더욱 강하게 학교폭력을 가할 수 있지만, A군이 용기를 내서 더 적극적으로 대응한다면 학교폭력 발생이 점점 낮아질 수 있습니다.

셋째, 자녀가 부모님에게 직접 도움을 요청하면 부모님은 학교 내 학교폭력 전담교사나 교감선생님에게 직접 전화를 해서 '학교폭력 대책 자치위원회' 개최를 요청해야 합니다.

그 위원회에서 가해학생의 처벌 중 원하는 처벌 수위를 제시하는 것도 도움이 됩니다.

물론 사전에 자녀와 얘기를 나눈 뒤에 가해학생들의 처벌 수위를 미리 논의하는 것이 필요합니다. 학교 방문 전에 담임선생님과 통화하여 학교폭력 사건에 대해 말하고, 그동안 담임선생님이 모르는 것 같아 자치위원회 개최 요청을 결심했다고 전하면 좋습니다. 이 사실을 담임선생님도 알고 있어야 하므로 사전에 전하기 위해 연락드렸음을 분명히 말해야 합니다.

담임선생님의 협조가 필요한 부분이 있기 때문에 담임선생님과 소통 없이 부모님이 일을 처리하면 피해학생이 제2차 피해를 당할 수도 있습니다. 부모님은 담임선생님과 협조관계를 유지하는 것이 무엇보다 현명합니다.

학교폭력의 피해를 당하는 학생들의 징후로 흔히 등교 거부, 성적 하락 등이 나타납니다. A군도 이러한 징후를 보였고, 현재는 학교 적응에 문제를 보이고 있습니다. A군과 같은 사례로 고민하는 친구들이 있다면 용기를 내어 적극적으로 대응하고 상담을 통해 마음에 생긴 상처를 치료하는 것이 좋습니다.

보복이 두려워 도움을 요청하지 못해
더 큰 피해를 입었어요

- 사례 유형 : 신체폭력 및 금품 갈취
- 피해학생 : 총 1인(중 2, 남)
- 가해학생 : 총 3인(중 2, 남)

중학교 2학년인 피해학생 C군은 학기 초 같은 반인 A군, B군과 친구 사이였습니다. 하지만 A군, B군이 2학기에 들어서면서 약한 학생들을 괴롭히고 때리기 시작하면서 그 사이가 어긋나기 시작했습니다. 어느 순간부터 C군은 매일 A군, B군에게 주먹으로 어깨를 맞으며 심지어 돈까지 빌려달라는 협박에 시달리기 시작했습니다.

C군은 보복이 두려워 부모님에게 알리지 않고 2, 3회에 걸쳐 3만 원가량의 돈을 A군, B군에게 주었습니다. 그러자 A군은 지속적으로 C군에게 돈을 내놓으라며 위협하면서 폭력을 휘둘렀습니다.

또한 기말고사 수행평가 체육시간에 C군이 야구 심판을 잘못 봤다는 이유로 C군의 뺨을 쳐서 그때 고막이 터져버렸습니다.

3주 동안 치료를 받은 C군은 학교 등교도 제대로 하지 못했습니다. 그후 C군이 기말고사 기간에 학교에 등교하자 A군, B군은 전과 똑같이 C군의 어깨를 계속 때리고 멱살을 잡으며 돈을 요구했습니다.

　이 같은 사실을 C군은 부모님에게 알리지 않고 오랫동안 혼자 감당했습니다. 그러다가 설날에 세뱃돈을 넣어주려고 은행계좌를 살펴보던 C군의 어머니는 통장에서 지속적으로 돈이 인출된 것을 확인하고 수상하게 여겨 C군을 추궁하게 되었습니다.

　결국 학교폭력을 당하고 있다는 사실을 알게 된 C군의 부모님은 학교 생활부장 선생님에게 학교폭력으로 신고했습니다. 이에 따라 학교에서는 사안조사 및 처리과정에 대해서 논의하기로 결정했습니다.

상담 내용

　세 명의 학생은 같은 반에서 친구 사이로 지냈는데, 2학기 때부터 A군과 B군이 C군에게 폭행과 협박을 하고 심지어 금품도 갈취했습니다. 남학생의 경우 친구 사이에 힘의 균형이 깨져 한쪽으로 치우치면 학교폭력의 가해자와 피해자로 나뉘게 됩니다. C군은 가해학생의 보복이 두려워서 알리지도 못하고 혼자 감당하면서 지냈습니다. 그러다 점점 폭력이 심각해지고 다양한 괴롭힘에 시달리게 되었지요.

　다행히 부모님이 우연찮게 그 사실을 알게 되어 학교 측에 도움을 요청해 사안조사 및 처리과정에 대해 논의하게 되었습니다.

　C군 입장에서는 가해학생의 처벌이 결정되기 전까지 학교생활을 견디며 지내야 하지만, 그 기간만 잘 견딘다면 학교폭력에서 벗어날 수 있으니 잘된 일이라 할 수 있습니다.

　대부분 피해학생은 일이 커질까, 재발할까 걱정이 되어 주변에 알리지도 못하고 혼자 피해를 감당하며 지내는 경우가 많습니다. 혼자 외로운 싸움을 하고 있는 것이지요. 이제는 혼자 외로운 싸움을 하기보다 되도록 빨리 주변에 도움을 요청해 함께 학교폭력을 극복하면 좋겠습니다. 그런 용기가 피해학생 모두에게 있었으면 하는 바람입니다.

학교에서 사안조사에 들어가면 처벌이 내려지기 전까지 가해학생들은 학교폭력을 하지 않고 자숙하는 태도를 보이며 피해학생을 괴롭히지 않습니다. 2012년 '청소년 폭력예방재단'의 전국 학교폭력 실태조사 가운데, 가해학생들에게 학교폭력을 그만둔 이유에 대해 물었습니다. 그때 1위가 스스로 나쁜 행동임을 자각했을 때 (49%)입니다. 이처럼 가해행동을 중지하기 위해서는 청소년들의 올바른 인식 및 자성이 중요하다고 볼 수 있습니다.

따라서 가해학생인 A군과 B군이 학교폭력에 대해 올바른 인식을 할 수 있게 주위 사람들이나 학교에 도움을 요청해야 합니다. 그리고 C군의 부모님은 자치위원회 개최 순서에 대해 아는 것이 필요합니다. 「학교폭력 예방 및 대책에 관한 법률」에 근거하여 학교폭력 처리절차는 아래의 그림과 같은 순서로 진행이 됩니다.

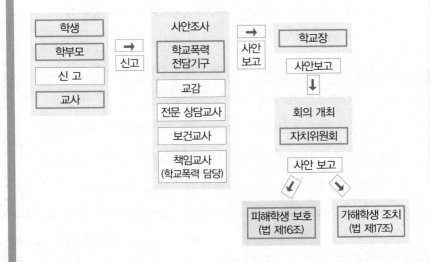

선배가 상습적으로 금품을 갈취했어요

• 사례 유형 : 금품 갈취
• 피해학생 : 총 20명(중 1, 2학년)
• 가해학생 : 총 1명(중 3, 여)

가해학생 A양은 현재 중학교 3학년입니다. 평소 학교에서 단속하고 있지만, A양은 화장은 물론 머리에 염색까지 한 차림으로 등교하고 있습니다. 사실 A양은 중학교 2학년 때 다른 학교에서 전학을 왔습니다. A양은 이전 학교에서 물의를 빚어 전학을 오게 된 경우라 학교에서는 이미 A양에 대해 좋지 않게 보는 상황이었습니다. A양은 성격이 거칠어 학교에서 이른바 논다는 학생들도 가까이 하지 않는 무서운 학생으로 알려졌습니다.

그런 A양에게 정말 나쁜 점은 습관처럼 굳어진 금품 갈취였습니다. 주로 후배들에게 강압적으로 천 원만 달라며 돈을 갈취하여 PC방에 가거나 매점에서 간식을 사먹었지요. 특히 소극적인 남자 후배들을 더 자주 갈취를 했는데, 20여 명에게 2천 원부터 많게는 10만 원까지 총 70만 원 정도를 갈취해 왔습니다. 갈취당한 학생 가운데 몇 명이 학생부에 알렸지만 A양에게 주의를 주는 것으로 끝났을 뿐 A양의 갈취 행동은 계속되었습니다.

후배나 주위 친구들이 좋은 물건을 가지고 오면 빌려달라며 가지고 가서 돌려주지 않는 등 A양의 다양한 폭력은 계속되었습니다. 그러던 중 남학생 한 명이 더 이상 참지 못하겠다며 이 사실을 경찰에 신고했고 경찰이 A양 사건에 개입하게 되었습니다.

이 일로 A양의 부모님이 학교에 와서 피해학생들에게 사과하고 피해액을 보상해주기로 했지만 학교 차원의 상담이나 교육은 이루어지지 않았습니다. 피해를 당한 학부모들은 이 상황에 대해 학교 측에서 도와주기를 바랐지만 원래 그런 학생이라는 낙인이 찍힌 A양에 대해 학교에서는 호의적인 태도를 보이지 않았습니다.

이 문제로 A양과 부모님 사이에 갈등의 골이 깊어졌는지, 갈등의 원인이나 금품 갈취 원인에 대한 해결은 나지 않은 채 A양은 장기간 결석하고 있는 상황입니다.

상담 내용

A양이 후배 학생들에게 돈과 물건을 갈취하는 사건에 대해 학교에서도 인지하고 신고도 받았습니다. 하지만 학교에서는 「학교폭력 예방 및 대책에 관한 법률」에 따라 사안을 조사하거나 자치위원회를 개최하지 않았습니다.

법에는 사안에 대해 조사를 하거나 자치위원회를 개최하여 처리해야 한다고 명시되어 있습니다. 그리고 문제가 된 금품 갈취에 대한 상담이나 교육을 A양이 이수할 수 있도록 해주어야 합니다.

이런 경우에는 특히 가해학생에게 처벌을 내려서 스스로 반성하고 자신의 잘못된 행동을 인지할 수 있도록 도와줘야 하는데 그렇게 처리하지 않은 상황이라 안타깝기만 합니다.

학교 측에서 이런 식으로 처리를 하면 피해학생들의 신뢰가 낮아질 수밖에 없습니다.

한 학생이 경찰에 신고한 뒤에야 이 일이 수면 위로 떠올랐는데, 과연 해당 학교 학생들이 학교 측과 선생님들에 대해 어떻게 생각할까요?

학교폭력 사안은 학교(담임선생님), 피해 및 가해학생, 학부모들이 함께 협력하고 모두가 관심을 기울여야 할 문제입니다. A양이 예전의 학교에서 사고를 쳤다 하더라도 지금의 학교 측과 담임선생님은 이 학생을 이해하고 도와주려는 마음으로 개입하는 것이 필요합니다.

두려운 학교폭력,
하지만 당당하게 맞서세요

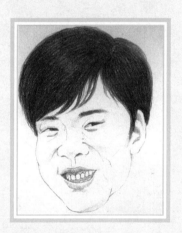

보는 것만으로도 웃음을 주는 개그맨

하나, 꿈과 웃음으로 활기찬
학창시절을 바라며

　나는 개그맨입니다. 내 직업은 많은 사람들에게 웃음을 선사하는 것이지요. 사람을 웃기는 직업이니 늘 많은 사람들을 즐겁게 해주어야 합니다. 그렇다 보니 항상 웃음을 마음에 담고 살아갑니다.

　어떻게 하면 사람들을 웃게 하지? 어떻게 하면 사람들을 즐겁게 하지? 정말 며칠을 고민해서 아이디어를 짜 공연했는데 '헐~' 하며 반응이 없으면 어떡하지? 고민이 이만저만 아닙니다.

　우리는 평생 얼마나 웃으며 살까요? 우연히 이런 글을 읽은 적이 있습니다.

　보통 사람이 70세까지 산다고 가정하면 잠자는 데 보내는 시간은 23년, 일하는 데 보내는 시간은 26년 정도라네요. 재미있는 것은 양치질하고 씻는 데 2년, 화장실 가는 데도 1년가량을 소비한다고 합니다. 거울 보는 데 1년 반, 이동하기 위해 차를 타는 데에는 무려 6년, 누군가를 기다리는 데 약 3년, 신문 보는 데 2년 반, 텔레비전 시청도 약 4년 정도라고 합니다.

이것을 합치면 23년+26년+2년+1년+1년 반+6년+3년+2년 반+4년=69년입니다. 결국 1년이 남습니다. 운동도 해야 하고 영화, 독서, 그리고 친구들과 즐거운 수다 등등, 살면서 해야 할 일이 얼마나 많은데, 이런 식으로 따져 보니 정말 웃을 시간도 없을 것 같습니다.

그렇게 정신없이 사는 우리가 웃는 시간은 하루 열 번 웃는다 해도 고작 5분 정도로, 평생 웃는 데 보내는 시간은 80일 정도라고 합니다. 웃으면 복이 오고 행복하다고 하는데 그 시간이 너무도 짧게 느껴집니다.

그러고 보니 사람들이 살아가는 상황은 무척이나 다른 것 같습니다. 많은 사람들이 희망에 부풀어 행복하게 살아가기도 하지만 슬픔에 빠진 사람, 괴로움에 힘들어하는 사람, 고통 속에서 하루하루를 버티는 사람, 희망을 잃은 채 실의에 빠진 사람 등등, 처한 상황은 각양각색입니다. 그런데 살다 보면 그 상황이 마치 포물선처럼 수시로 바뀌기에 웃는 표정이 어느 순간 슬픔과 고통, 또는 분노로 바뀌기도 합니다.

하긴 꿈 많은 학창시절을 보내는 여러분도 마찬가지입니다.

학교에서 기분 좋게 보냈는데 종례시간에 선생님이 성적표를 나눠주는 순간 눈앞이 캄캄해지는 친구들이 많잖아요. 환했던 얼굴이 어느새 걱정과 근심 어린 표정으로 바뀌니까요. 이뿐만이 아니지요. 친한 친구와 오해가 생겼을 때, 집안에 문제가 생겼을 때에도 마찬가지입니다.

그런데 요즘 청소년은 물론이고 초등학생 가운데 상당수가 이런 문제 외에 더 큰 고통으로 웃음을 잃고 살아간다고 합니다. 바로 학교폭력 때문이라고 합니다.

앞에서 말했듯이 우리는 평생을 행복하게 웃으며 살아가는 데에도 시간도 너무나 부족합니다.

더구나 학창시절이라면 친구들과 신나게 뛰놀며 공부하면서 함께 꿈을 키우며 지내야 하는데 그 친구들이 가장 큰 고통을 주고 힘들게 한다면 그것만큼 괴로운 것도 없지요.

지금의 나는 개그맨이기에 늘 많은 사람들을 즐겁게 해주려고 노력합니다. 또 사람들은 나에게 시간과 장소를 가리지 않고, 웃음을 기대합니다. 하지만 나의 학창시절은 지금의 내 모습과는 정반대였습니다.

이제 그 이야기를 어린이, 청소년들에게 전하려 합니다. 지금 생각해도 가슴 답답하고, 감춰두고 싶은 이야기이지만 굳이 꺼내는 이유는 다양한 어려움과 특히 학교폭력으로 고통 받는 친구들에게 조금이나마 위안을 주고 그 고통을 헤쳐나갈 용기를 주기 위해서 입니다.

나의 어린 시절은 물질적인 측면에서 보면 그야말로 부족함이 없었습니다. 아버지가 학원가의 유명 강사로 이름을 날렸기에 주변 친구들이 모두 부러워할 정도로 웬만한 것은 다 가질 수 있었습니다. 당시 나는 비록 수줍음을 많이 타고 나서지 못하는 내성적인 성격이었지만 비교적 친구들과 원만하게 지냈습니다. 그런 나에게 어머니는 약간 불만이 있기도 했지요.

"여보! 난 우리 지헌이가 좀 더 활발하게 지냈으면 좋겠는데 어디 좋은 학원 없을까? 당신은 아는 학원이 많잖아요?"

"어이구, 지헌아, 너희 엄마 또 욕심이 발병한다. 지헌이 반장시키려고 그러는 거지?"

"지헌이가 활발해져서 친구들에게 인기를 얻어 반장 되는 게 뭐가 어때서 그래요? 리더십도 키우고 좋잖아요."

"타고난 성격이 있는데 자연스럽게 변하겠지. 지헌아, 너 반장하고 싶어?"

"아니. 우리 반은 철규하고 민지가 반 친구들을 꽉 잡고 있어. 내가 괜히 나갔다가 떨어지면 창피하기만 해. 싫어."

나는 아버지의 물음에 단호하게 말했습니다.

"거봐, 지헌이가 아직은 싫다고 하잖아. 언젠가 스스로 변할 때가 있으니까 참으세요, 부인? 지헌아, 우리 엄마 없는 데로 숨자. 메롱~~."

"정말 저 양반은⋯⋯."

늘 그렇듯이 아버지는 어머니의 욕심을 재치 있게 잠재웠고, 우리집은 웃음이 피어나는 행복한 가정이었습니다. 어린 나는 그런 어머니 아버지와, 웃음이 번지는 우리집이 정말 좋았습니다.

하지만 언제부터인가 우리집에서 웃음소리가 조금씩 줄어들기 시작했습니다. 돌이켜보면 아버지가 직접 학원을 운영해 예상보다 훨씬 잘되어 돈을 많이 벌면서부터였던 것 같습니다. 차츰 아버지의 얼굴을 보기 힘들어지기 시작했습니다. 당시 아버지는 학원 사업을 하신다는 이유로, 일이 바쁘다는 핑계로 거의 매일 늦게 귀가했습니다.

처음에 어머니는 학원 사업을 시작하는 시기라 그런 아버지를 이해하는 듯 보였습니다. 하지만 평일, 주말, 휴일과 상관없이 가정과 멀어지는 아버지의 모습에 어머니는 의심하기 시작했고 결국 두 분의 말다툼이 잦아졌습니다.

"아니, 아무리 바빠도 그렇지, 어떻게 애들이 아빠 얼굴을 일주일에 한 번도 못 보냐고요!"

"그럼 어떻게 해? 학원 그만둘까? 남편이 뼈 빠지게 일하는데 그것도 이해 못 해? 난들 그러고 싶어서 그러냐고."

아버지는 어머니가 따질 때마다 나름 이유를 댔고 그런 일이 반복되자 상황은 더욱 나빠졌습니다. 아버지가 집에 들어오지 않는 날이 점점 늘어나더니 아예 일주일에 한두 번 정도 들어왔습니다.

오랜만에 아버지가 들어오면 평소와는 달리 심각한 상황이 벌어졌지요. 아버지가 들어오자마자 어머니는 예전에는 상상할 수 없었던 큰소리로 아버지에게 따지고 들었습니다. 그럴 때마다 아버지는 더욱 큰소리로 화를 냈습니다. 아버지는 화를 이지고 못하고 쨍그랑! 소리와 함께 물건들이 부수기도 했습니다. 그리고 급기야 어머니에게 크고 작은 폭력을 가하기도 했지요. 아버지는 그렇게 폭력을 행사하고는 금세 다시 집을 나가는 것이 일쑤였습니다. 아버지가 나간 뒤로 어머니의 서글픈 울음이 온 집안을 덮었습니다.

나는 단순히 돈을 번다는 이유로 가정을 나 몰라라 하고 폭력을 가하는 아버지가 미웠습니다. 비록 어렸지만 그런 아버지에게 한마디도 할 수 없는 내 자신이 너무도 슬펐습니다.

셋, 친구들이 알게 해준 나만의 탈출구

중학교에 들어가면서 나는 집에서나 학교에서나 있는 듯 없는 듯, 모든 것이 관심 밖이었습니다. 어머니와 아버지의 다툼이 심해질수록 더욱 조용히 숨기만 했습니다. 공부도 예외가 아니었습니다. 수업시간에 멍하니 창밖을 바라보다가 선생님에게 꾸중을 듣는 일도 차츰 늘어났지요. 모든 것이 귀찮았습니다.

"지헌아! 왜 그래? 무슨 일 있냐?"

그럴 때마다 친하게 지내는 영석이, 준구, 휘람이, 승우가 걱정이 되어 물었습니다. 하지만 나는 아무 말도 하기 싫었습니다. 어머니와 아버지의 다툼을 내 입으로 말하는 것도, 또 사람들에게 그 다툼이 알려지는 것도 싫었습니다.

"아냐, 아무것도 아냐."

"그러지 말고 수업 끝나고 팀 짜서 축구나 하자."

"싫어. 학원 가야 돼."

말로는 학원에 가야 한다고 했지만, 공을 차며 신나게 노는 것이 내키지 않았습니다. 학원에도 가지 않고 혼자서 거리를 돌아다니거나 공원에서 시간을 때우다 집에 가는 일이 잦아졌습니다. 집에 가면 아무 말도 하지 않고 방에 처박혀 나오지 않았습니다. 그럴 때마다 어머니의 잔소리가 들려왔지만 방문을 걸어 잠그고 이불을 뒤집어쓰고는 흐느껴 울기도 했습니다. 당시 어머니는 내가 작은 실수를 해도 아버지를 가장 많이 닮은 나에게 모든 서러움을 다 푸는 듯했습니다.

점점 집이 싫어지고 지겨워졌습니다.

한 달, 두 달…… 1년 가까이 그렇게 의미도 없이 하루하루를 보냈습니다. 그러던 11월의 어느 날이었습니다. 학교 수업을 마친 뒤 청소 당번을 끝내고 나서 학원으로 무거운 발걸음을 옮겼습니다. 점심을 적게 먹었는지 배가 고파 떡볶이 가게에 들어갔습니다. 떡볶이 1인분에 김밥 한 줄! 가게 안에는 두세 명씩 중고등학생들이 친구들과 맛있게 먹고 있었습니다. 그래서일까, 왠지 나 혼자 먹으려니 처량해 보였습니다. 김밥 하나를 막 집는 순간 영석이와 승우가 가게로 들어왔습니다.

"야, 지헌아, 떡볶이 먹냐?"

영석이가 나를 보자마자 먼저 재빨리 자리에 앉았습니다. 순간 나는 영석이와 승우가 반가웠습니다.

"너희 떡볶이 먹을래? 아줌마, 떡볶이 2인분 더 주세요."

나는 혼자 먹는 것이 싫어 친구들의 의사도 묻지 않고 무조건 시켰습니다. 영석이와 승우는 기분 좋다는 듯 맛있게 먹기 시작하더니 누구인지는 모르겠지만 이렇게 말했습니다.

"지헌아, 너 이번 토요일 오후 4시에 우리 교회에 와라. 우리 교회에서 청소년 성가 합창을 하거든."

그러고 보니 내 앞 빈자리에 A4 용지가 있었습니다. 승우가 건네주어 보았더니 「청소년 성가 합창 및 연주회」라는 글귀와 사진이 있었습니다. 영석이와 승우는 자신들이 직접 만든 홍보 포스터를 붙이던 중에 떡볶이를 먹으러 가게에 들어온 것이었습니다.

"그래, 시간이 되면."

"지헌아, 재밌어. 공연 끝나면 레크레이션도 해. 꼭 와라."

토요일이 되었습니다. 영석이와 승우의 초대를 계속 마음에 담아두었는데 막상 가려고 하니 망설여졌습니다. 가고 싶은 마음이 컸지만 쑥스러움이 좀처럼 가시지 않았습니다. 씻고 옷을 갈아입자 어머니가 어디 가냐고 물었습니다.

"교회에. 친구들이 합창 공연을 한대."

"그래. 그럼 너무 늦지 말고 잘 다녀와."

어머니의 물음에 순간적으로 대답을 했는데 어머니는 그동안 가정불화에 분풀이, 그리고 내가 마음을 잡지 못하는 것에 미안했는지 흔쾌히 허락했습니다.

막상 교회에 도착하자 안으로 들어가는 것이 쉽지 않았습니다. 교회 앞에서 서성이는데 누군가 뒤에서 내 어깨를 쳤습니다. 준구였습니다. 준구는 음료수를 잔뜩 들고 있었습니다.

"지헌이구나. 연석이하고 승우한테 들었어. 너 올지도 모른다고. 빨리 들어가자."

준구가 웃으며 내 등을 떠밀자 못 이기는 척하고 교회 안으로 들어갔습니다. 예배당 앞에 영석이와 승우, 휘람이가 나를 보더니 반깁니다.

"지헌아, 너 정말 왔구나."

"응, 그런데……."

"이리 와."

친구들은 나를 데리고 예배당 안에 좋은 자리에 앉히더니 캔 음료수를 건네주었습니다. 그러고는 합창 지휘를 하는 음대 청년부 형에게 나를 소개시켜주었지요.

"선생님! 우리 친구 지헌이에요."

"그래, 지헌이구나? 잘 왔어. 공연도 보고 이따 게임도 하니까 즐겁게 보내."

모두가 정겹게 맞아주니 포근한 기운이 온몸을 감싸는 듯했습니다. 그동안 침울했던 집에서는 느낄 수 없는 따뜻한 정이 넘쳤습니다. 그날 나는 얼마 만에 행복한 시간을 가졌는지 모릅니다. 정말 기뻤습니다. 드디어 해방구를 찾게 되었습니다. 친구들과 교회는 침울하고 아무 의욕이 없었던 나에게 활기와 의욕을 주었습니다.

넷, 불화에 빠진 우리집, 그러나 친구와 교회 생활의 위안

그날 이후 나는 완전히 생활이 바뀌었습니다. 영석이, 준구, 휘람이, 승우와 함께 교회에 나가는 것이 유일한 낙이었습니다. 지금 생각하면 한창 공부를 해야 하는 시기에 그리 바람직하지 않지만, 모든 것이 교회 생활에 초점이 맞춰져 있었습니다. 당시 나는 집이 싫었고 심지어 집에 들어가기 싫어했기에 교회는 정말로 소중한 곳이었습니다. 그나마 나쁜 길로 빠지지 않고 모든 것을 다 바칠 수 있는, 유일한 탈출구이자 위로의 공간이 교회였습니다.

특히 교회 수련회는 숨이 막히고 곧 폭발할 것 같은 집에서 벗어날 수 있는 좋은 수단이기도 했습니다. 어디로 튀어오를지 모르는 사춘기 중학생이었던 나를 잡아주었습니다. 수련회에서 해야 하는 행사 준비나 심부름도 즐거웠습니다. 친구들과 수다를 떨면 집에서 받았던 모든 고통을 잊으니 무엇이든 신이 났습니다.

일주일에 하루 이틀을 제외하고 학교 끝나기가 무섭게 나는 교회로 향했습니다. 집에서 어머니와 아버지의 불화가 깊어지면 깊어질수록 나는 교회에서의 생활에 더욱 빠져들었습니다. 교회에서 저녁 예배와 찬양까지 마치고 모두가 돌아가고 난 뒤, 제일 늦게 집으로 갔습니다.

철야 예배가 있을 때에는 아예 교회에서 잠을 자곤 했습니다. 그렇게 교회의 모든 예배와 행사에 참여하는 것이 나의 유익한 낙이었습니다.

"우리 청소년 찬양팀 만들까?"

"우리 토요일에 거리 전도 나가자."

나의 집안 사정을 모르는 친구들은 학교에서 조용하기만 한 나를 보면서 의아해했지만, 교회에서 적극적인 나의 모습과 행동에 우리는 더욱 친해졌습니다. 그렇게 내가 교회에 빠지는 사이 우리집은 안 좋은 상황의 연속이었습니다.

어머니와 아버지는 화해를 하지 못하고 결국 이혼을 전제로 별거를 시작했습니다. 당시 이런 상황은 어린 나에게는 너무도 큰 충격이었습니다. 어머니가 아버지를 원망하면서 우는 모습은 내 마음에 커다란 슬픔이자 분노로 자리 잡았습니다.

하나님! 우리집은 왜 이런가요? 우리 엄마 아빠는 왜 서로 미워하고 원망하나요? 다른 집은 가난해도 행복하게 사는데 우리집은 왜 서로를 원망하고 싸우며 나를 힘들게 하나요? 다시 예전의 행복한 때로 돌아갈 순 없나요? 나는 절대 아버지를 용서하지 않을 거예요. 하나님이 아무리 말려도 용서할 수 없어요. 어른이 되면 나는 내 가족을 절대로 울게 하지 않을 거예요. 하나님! 우리집을 다시 행복하게 만들어주세요.

그렇게 가정불화로 힘들 때마다 교회를 찾아 기도하며 하루하루를 버텼습니다. 그런데 나에게 또 다른 어려움이 찾아왔습니다.

다섯, 홀로 배정된 고등학교 입학,
외로움과 따돌림

가정이 엉망이 되어 괴롭고 힘들었지만 그나마 나를 지탱해준 것은 교회와 친구들이었습니다. 그런데 무슨 운명의 장난인지, 그런 어려운 상황에 처한 나만 친구들과 떨어져 다른 고등학교로 배정되었습니다.

"영석아, 너는?"

"J고. 승우, 너는?"

"J고."

"앗싸! 준구. 휘람이도 J고야. 지헌아, 너는?"

순간 나는 아무 말도 나오지 않았습니다. 어떻게 나만 K고등학교에 배정되었는지 믿어지지 않았습니다. 친구들은 자신들이 잘못한 것도 아닌데 괜히 미안해했습니다.

"지헌아, 우리 주말에 교회에서 만나고 또 학교 끝나고 만나면 되지, 뭐."

친구들이 그렇게 위로했지만 답답한 마음이 쉽게 가시지 않았습니다. 집안은 어머니와 아버지의 별거로 엉망이 된 상태에서 함께했던 친한 친구들과 헤어져 있어야 한다고 생각하니 눈앞이 캄캄했습니다.

그렇게 홀로 떨어져 고등학교에 진학한 학기 초, 나에게는 모든 것이 낯설었습니다. 당시 K고등학교의 학생들은 K중학교, K초등학교 출신이 대다수였습니다. 다른 반을 둘러봐도 안면이 있는 친구들을 찾기 힘들었습니다. 게다가 당시 집안 사정으로 나는 더욱 비참해졌습니다.

고등학교에 진학했으니 아이들은 모두 새 가방에, 학용품도 새 것으로 장만했습니다. 하지만 나는 그러지 못했습니다. 어머니는 생활을 위해 직업을 찾아야 했습니다. 일부러 그런 것은 아니었겠지만 어머니가 사는 것에 급급한 상황이었으니 나에 대한 관심이 그만큼 없었던 것이지요. 결국 나는 어머니의 무관심과 스스로의 상실감으로 학기 초에 준비물을 몇 차례 가져가지 못했습니다. 그러자 반 친구들이 수군거리는 소리가 들렸습니다.

"쟤는 뭐냐? 어느 학교 출신이야? 완전 꼴통이네."

더욱이 자존심이 강했던 나는 절대로 주변 친구들에게 준비물을 빌리거나 먼저 도움을 청하지 않았습니다. 지금도 그렇지만 체격이 컸던 탓에 반 친구들이 직접적으로 나를 괴롭히지는 못했지만 자연스럽게 왕따를 시키는 분위기였습니다.

아니나 다를까, 개학을 하고 일주일쯤 지나자 학교에서 나에게 말을 거는 친구가 없다는 사실을 느끼게 되었습니다. 점심시간에 혼자 도시락을 먹는 그런 처지가 되었습니다.

그래도 그나마 그런 외로움을 견뎌낼 수 있었던 것은 학교가 끝난 뒤 만나는 중학교 친구들 때문이었습니다. 하지만 하루의 대부분을 생활하는 학교에서 말을 거는 친구도 없이 버틴다는 것은 그야말로 고역이었습니다. 점점 학교 가기가 싫었지만 혼자 열심히 살려고 노력하는 어머니에게 차마 그런 고민을 털어놓을 수도 없었습니다. 학교에 가면 쉬는 시간에 엎드려 자는 게 일이었고, 그게 편했지요.

그렇게 쥐죽은 듯 생활하는데, 어느 날 우리 반 체육시간에 금품이 도난당한 사건이 벌어졌습니다. 그런데 반 분위기가 묘하게 흘렀습니다. 마지막으로 교실에서 나왔다는 이유로 나를 범인이 몰아가는 것이었습니다. 담임선생님이 나를 따로 불러 물었습니다.

"선생님, 절대로 가져가지 않았어요. 엎드려 있다가 제일 늦게 교실에서 나간 것뿐입니다."

나는 양심껏 절대로 남의 물건에 손대지 않았다고 말씀드렸지만, 담임선생님은 내 말을 곧이듣지 않는 눈치였습니다.

결국 그 사건은 그렇게 해결되지 않고 지나갔지만 그 이후로 나는 틈만 나면 무조건 조용히 엎드려 잤습니다.

학교에서의 나의 이런 행동이 문제가 되었습니다. 내가 학교에서는 말이 없고 특별하게 사귀는 친구가 없다는 것이 알려지자 이른바 덩치 크고 논다는 아이들이 시비를 걸기 시작했습니다. 장난처럼 내 어깨를 툭툭 치며 비아냥거렸습니다.

"야, 여기가 네 집 안방이냐? 틈만 나면 자게."

"놔둬. 동물의 왕국을 보면 동물은 낮에 자더라."

그 아이들이 이렇게 놀리면 주변 아이들은 키득키득 웃었습니다. 놀림감이 되었지만 꾹 참았습니다. 더 큰 사고가 날 것 같은 불안감에 억지로라도 참아야 했지요. 초등학교 때부터 아버지의 권유로 태권도를 배웠기 때문에 마음먹고 싸움을 한다면, 한두 명 정도는 충분히 이길 자신이 있었습니다. 이상하게 들릴지 모르지만, 그 당시에는 내가 주먹을 쓰면 상대방이 크게 다칠 것 같은 생각이 들었습니다.

내가 아무 반응을 보이지 않자 아이들의 장난은 더욱 심해졌습니다.

"어이, 오랑우탄! 나무 위에서 자."

"고릴라! 가슴 한번 쳐봐. 이렇게 따다다닥, 하하하 하하하!"

"아냐, 두 얼굴의 사나이 헐크야. 화나면 헐크로 변하는데 화를 안 내네? 하하하."

그렇게 놀리는 것도 이유가 있습니다. 내가 웃거나 말을 할 때 잇몸이 크게 드러나기 때문이지요. 하지만 그런 내 외모에 대해 그 때도 그렇고 지금도 별다른 콤플렉스를 가지고 있지 않습니다. 오히려 그런 내 외모가 장점이 되어 후에 개그맨 시험에 단 번에 합격했으니까요.

김병만 선배는 7번, 이수근 선배는 5번, 적어도 3번 이상은 도전해야 한다는 개그맨 시험을 단 한 번에 붙은 개그맨은 나와 옥동자라는 별명의 정종철이 유일합니다.

아무튼 당시 학교 친구들에게 말도 잘 안 하고 아무리 건드려도 반응이 없는 내가 만만했을 것입니다. 하지만 참고 참다 결국 폭발하고 말았지요.

수학 시간이었습니다. 뒤에 앉은 친구가 자꾸 샤프 연필로 내 등을 콕콕 찌르기 시작했습니다.

"하지 마, 그만하라니까."

조용히 두세 번 말했지만 그 친구는 계속 찌르고, 그런 내 모습이 우스웠는지 아이들이 웃기 시작했습니다. 그러자 수학 선생님은 내가 일부러 장난친 것이라 생각하고 내 이름을 부르며 일어나라 했습니다.

"오지헌, 너 수업시간에 뭐 하는 거야?"

그 순간 아이들의 웃음소리가 더 커졌습니다.

내가 왜 그랬는지 모르겠지만, 대뜸 뒤돌아서 나를 샤프 연필로 찌른 그 친구에게 달려들었습니다.

"가만있으니깐 내가 바본 줄 알아? 너 죽고 싶어!"

내가 크게 소리 지르며 그 친구를 주먹으로 때리고 책상 위로 올라가 발로 차기 시작했습니다. 순식간에 일어난 일이라 모두가 당황해하고 어쩔 줄 몰라했습니다.

아마도 선생님이 재빨리 말리지 않았다면 더 큰 사고가 벌어졌을 수도 있는 상황이었습니다. 다행히 별다른 사고 없이 수습이 되었고 선생님의 꾸중으로 일단락되었지만 괜한 서글픔이 몰려왔습니다.

수업을 끝내고 광화문 쪽으로 걸어오는데 왜 그렇게 코끝이 찡해지고 눈시울이 뜨거워지는지 연신 손이 얼굴을 향했습니다.

그날 이후 학교에 그 소문이 퍼지면서 아이들은 나를 건드리지 않았습니다. 그리고 며칠 뒤에는 아이들이 친구 하자며 다가왔습니다. 고등학교에 들어간 지 5개월 만에 그렇게 친구를 처음 사귀게 되었습니다.

정말 이상한 일이지요? 조용히 있을 때에는 아이들이 그렇게 날 무시하며 놀려대더니, 나를 괴롭힌 아이에게 과감히 대응을 하자 괴롭힘이나 따돌림이 사라지고 오히려 친구가 생겼으니 말입니다.

정신적으로, 인격적으로 제대로 형성되지 않는 그런 어린 나이를 거쳐, 초등학교에서 중학교로, 중학교에서 고등학교로 성장하면서 새로운 환경을 접할 때마다 다양한 친구관계가 형성됩니다. 당시 내가 내성적이지 않았다면, 집안 환경 때문에 침울하지 않았다면, 중학교 친구들과 같은 고등학교에 배정되었다면 이런 일은 일어나지 않았을 수도 있었겠지요.

학교도 하나의 사회이기에 함께 반응하며 어울려야 합니다. 그런데 당시 나는 모든 것이 귀찮았기에 그러지 못했습니다. 친구들에게 만만하게 보일 만한 상황을 내 스스로가 만들었던 것이지요.

물론 괜히 친구를 놀리고 괴롭히는 것은 나쁜 짓임이 분명합니다. 내가 순간적으로 폭발하여 폭력을 행사한 것도 당연히 자제해야 했지요. 중요한 것은 그런 상황에서 자신이 어떻게 당당하게 대처하느냐는 점입니다.

돌이켜보면 나를 괴롭혔던 그 친구들이 장난으로 시작했더라도 당하는 나의 입장에서는 커다란 상처가 되었습니다.

많은 학생들의 웃음을 앗아가는 다양한 학교폭력은 사라져야 하고, 또 사전에 예방해야 합니다. 지금 혹시라도 친구들에게 괴롭힘을 당하는 학생들이 있다면 당당하게 맞서고 주변에 도움을 청했으면 합니다.

그렇게 해야만 학교폭력을 행사하는 친구는 더 큰 잘못을 저지르기 전에 빨리 잘못된 점을 깨닫고, 또 학교폭력을 당하는 친구도 그 폭력에서 벗어나 모두가 행복하게 살아갈 수 있기 때문입니다.

나는 지금 사람을 웃기는 개그맨으로, 크리스천으로 상처 받은 청소년들에게 더 많은 웃음과 용기를 주는 일을 하며 살아가고 있습니다.

우리가 평소 행하는 말과 행동은 부메랑과 같습니다. 언제가 될지는 모르지만 틀림없이 되돌아오기 때문입니다. 친구들에게 감사하는 말과 다정한 행동으로 대하면 언젠가 다시 내게 돌아옵니다. 친구들에게 웃음을 선사하면 그 웃음은 더 큰 사랑으로 돌아옵니다. 학창시절, 모두 웃음이 가득하고, 꿈을 함께 키우는 친구들과 멋진 시간을 보내길 기원합니다.

  개그맨 오지헌 아저씨는 친한 친구들과 다른 고등학교로 배정이 되어 낯선 환경에서 반 친구들과 말도 하지 않고 어울리지 않은 채 혼자 밥을 먹는 외로운 학교생활을 했습니다. 그러자 학교 친구들에게 장난을 가장한 괴롭힘에 시달리기 시작했습니다. 하지만 오지헌 아저씨는 친구들의 괴롭힘에도 반응을 하지 않았습니다. 물론 어머니에게도 알리지 않았지요.

  그러자 가해학생들은 괴롭힘의 수위를 점점 높여 오랑우탄, 헐크라고 놀려댔습니다. 게다가 샤프 연필로 등을 콕콕 찌르는 등 괴롭힘이 점점 더 심해졌습니다.

  오지헌 아저씨는 학교폭력에서 벗어나기 위해 적극적으로 맞서는 대처법을 선택했습니다. 오지헌 아저씨는 지금 생각해보면, 가해학생들은 장난으로 학교폭력을 했지만 당하는 입장에서는 그 장난이 정말로 큰 상처였다고 합니다.

  이 글을 읽고 있는 친구들 가운데 오지헌 아저씨의 사례에 공감하는 친구들이 정말 많을 것 같습니다. 오지헌 아저씨가 당했던 장난을 가장한 학교폭력 사례는 여러분이 다니는 학교에서도 쉽게 접할 수 있습니다.

초등학교 때부터 같은 반이었던 A군과 B군이 있습니다. A군은 특별한 이유 없이 초등학교 때부터 같은 반의 B군을 괴롭히기 시작했습니다. 괴롭히는 빈도가 늘어나자 B군의 부모님은 학교에 "A군과 다른 반으로 바꿔달라"고 요구했지만, 학교에서는 그저 아이들의 장난으로 받아들여 별다른 조치를 취하지 않았습니다. 당시 B군은 초등학교를 빨리 졸업하고 싶었습니다. 하지만 초등학교 졸업으로 끝날 것 같았던 학교폭력은 A군과 B군이 같은 중학교로 배정되면서 계속 이어졌습니다.

다행히 A군과 B군의 반은 달랐지만, 조금 시간이 지나자 A군은 다른 반의 B군을 찾아가 괴롭히기 시작했습니다. A군은 지난해 3월, 가만히 있던 B군을 찾아가 "똥이 묻었다"며 물을 뿌리고 놀리는가 하면, 같은 해 7월에는 지나가는 B군의 다리를 걸어차거나 공을 던져 맞히며 계속 괴롭혔습니다.

초등학교 시절에 장난으로 시작한 괴롭힘이 중학교에 와서도 계속되자 B군은 결국 외상후 스트레스장애(post traumatic stress disorder, PTSD)[5] 진단을 받았고, B군의 부모는 A군을 학교폭력 가해학생으로 학교에 신고했습니다. 이후 학교폭력대책 자치위원회는 A군에게 「학교폭력 예방 및 대책에 관한 법률 제17조(가해학생

---

5 외상후 스트레스 장애는 전쟁, 고문, 자연재해, 사고 등의 심각한 사건을 경험한 사람이 이후에도 그 사건에 대한 공포감에 사로잡혀 계속적인 재경험을 통해 고통을 느끼며 거기에서 벗어나기 위해 에너지를 소비하는 질환이다. 정상적인 사회생활에 부정적인 영향을 끼친다.

에 대한 조치)」에 따라 5호(전문가에 의한 특별교육 이수)와 더불어 8호(전학 조치) 처분을 의결했고, 학교는 이 결정을 받아들였습니다.

이에 A군 부모는 아이가 반성하고 있고, 장난 수준인데 전학 조치는 가혹하다고 생각해 학교를 상대로 전학 처분 취소소송을 했지만, 법원은 A군 측이 제기한 소송에서 "가해행위 정도가 가볍지 않고 괴롭힘이 지속적으로 반복되었으므로 전학 처분이 가혹하지 않다"며 원고패소 판결을 내렸습니다.[6]

오지헌 아저씨와 B군은 장난으로 시작된 괴롭힘의 피해자였습니다. 두 사례 모두 괴롭힘이 시작되었을 때에는 적극적으로 대처하지 않았습니다. 하지만 그후로 점점 괴롭힘이 심해지고 계속되자 적극적인 대처로 맞서 싸우거나 학교폭력대책 자치위원회에 신고를 했습니다.

처음에는 장난이니까 참고 있으면, 시간이 가면 아이들이 괴롭히지 않을 거라는 생각에 대부분 피해학생들은 아무런 대처를 하지 않습니다. 그러다 시간이 가면 갈수록 점점 더 폭력이 심해지는 경우가 많아 피해학생은 심리적·정신적으로 고통을 호소하고 치료가 필요한 상황까지 됩니다.

가해학생도 처음에는 장난으로 시작했다가 피해학생의 무반응에 재미를 느끼고 점점 가해 수준을 높입니다. 그런 자신의 모습을

---

6 한국일보, 「도 넘은 학교폭력 가해학생 전학 처분은 정당」(2013. 5. 27, 18:26:27) 참조
http://news.hankooki.com/lpage/society/201305/h2013052718262721950.htm

인지하지 못하고 결국 가해학생으로 징계까지 받고 생활기록부에 기록되는 상황이 벌어지지요. 장난으로 시작한 학교폭력은 누군가가 멈춰야 합니다. 피해학생의 신고나 같은 반 친구들의 신고로 멈출 수 있습니다.

이 글을 보는 친구들 중에는 장난의 범위에 궁금해하는 친구도 있을 것 같습니다. 주변에 장난으로 툭툭 건드리며 즐거워하는 학생들을 쉽게 볼 수 있습니다. 쉽게 말해볼까요? 장난이란 서로가 즐겁지만, 학교폭력은 한쪽만 즐겁습니다.

주변에서 일어나는 학교폭력을 보면, 어떤 것이 학교폭력인지 정말 모를 때가 많습니다. 「학교폭력 예방 및 대책에 관한 법률」에서 정의한 학교폭력을 보면 도움이 됩니다.

● 제2조 1항. '학교폭력'이란 학교 내외에서 학생을 대상으로 발생한 상해, 폭행, 감금, 협박, 약취 · 유인, 명예훼손 · 모욕, 공갈, 강요 · 강제적인 심부름 및 성폭력, 따돌림, 사이버 따돌림, 정보통신망을 이용한 음란 · 폭력 정보 등에 의하여 신체 · 정신 또는 재산상의 피해를 수반하는 행위를 말한다.
'따돌림'이란 학교 내외에서 2명 이상의 학생이 특정인이나 특정집단의 학생들을 대상으로 지속적이거나 반복적으로 신체적 또는 심리적 공격을 가하여 상대방이 고통을 느끼도록 하는 일체의 행위를 말한다.

위에서 보았듯이 학교폭력의 범위는 넓습니다. 그렇기 때문에 우리가 학교생활에서 친구들과 어떻게 지내야 할지 한 번 더 생각하고 행동하는 것이 중요합니다.

여학생들 사이에서 가장 많이 일어나는 유형은 따돌림입니다. 법에서 정한 따돌림 정의를 보면 내가 어떤 친구가 싫어서 놀지 않는 것도 자칫 따돌림에 포함될 수 있습니다. 그 친구가 맘에 안 든다고 해서 그 친구에 대해 다른 친구들에게 험담하거나 함께 놀지 못하게 막는 행동도 따돌림 범위에 들어갈 수 있다는 점을 명심했으면 좋겠습니다.

최근 양동근 아저씨도 학창시절에 학교폭력을 당했다고 고백했지요. 그런데 그때는 그것이 학교폭력인 줄 모르고 그냥 지나쳤다고 합니다. 우리 친구들도 이런 경우를 겪었을 겁니다. 학교생활을 하면서 친구들과 어울리며 놀다가 학교폭력을 당할 수도 있고, 가해를 할 수도 있으며, 모르고 그냥 지나칠 수도 있습니다.

학교폭력인지 아닌지 헷갈릴 때 물어보거나 상담해주는 기관이 있습니다.

☎ 학교폭력 상담전화 : 1588-9128

☎ 학교폭력 신고센터 : 117

☎ 청소년상담복지센터 : 1388

친했던 친구들과 싸웠다가 화해한 뒤에 다시 친하게 지내고 싶

을 경우 화해조정 전문가가 중립적으로 도와주는 프로그램, 갈등
관리 코칭, 학교폭력 예방컨설팅, 자치위원회 자문, SOS긴급출동,
무료법률상담, 학교폭력 솔루션 지원단 프로그램이 있는 기관도
있습니다.

☎ 학교폭력 화해 · 분쟁조정센터 : www.jikim.net/sos

☎ 학교폭력 화해 · 분쟁조정센터 : 02-598-1640

장난의 탈을 쓴 괴롭힘이 정말 힘들어요

- 사례 유형 : 괴롭힘
- 피해학생 : 총 1인(초 5, 여)
- 가해학생 : 반 전체(초 5, 남)

초등학교 5학년 여학생인 A양은 같은 반 학생들과의 관계가 좋지 못했습니다. 4학년부터 같은 반 남학생들이 놀리는 경우가 종종 있었는데 학년이 올라가면서 그 괴롭힘은 더욱 심해졌습니다.

담임선생님이 엄했기 때문에 눈에 띄게 괴롭히지는 않았지만 선생님이 자리를 비우면 뒤에서 살짝 치고 가는 등 성가시게 했습니다. "미안~ 실수!" 이런 식으로 다섯 명의 학생이 번갈아가며 치고 지나가고 나서 뒤에서 킥킥거리며 웃는 횟수가 점점 늘었습니다. 미안하다며 실수였다는 말에 화를 내기도 애매했습니다. 선생님에게 말씀을 드려도 도무지 해결이 되지 않았습니다.

이런 상황이 반복되니 처음 다섯 명에서 이제 반 전체 학생에게 집단 따돌림과 괴롭힘을 당하는 지경이 되었습니다. 지우개 가루를 머리에 뿌리고 가면서 실수였다는 어이없는 말을 늘어놓기도 했습니다.

너무나 힘들었던 A양은 담임선생님과 부모님에게 도움을 청했습니다. 담임선생님과 어머니는 A양이 다른 아이에 비해 순진하고 어리기 때문이라고 판단해 기다려보자고 했습니다. 사실 눈에 띄는 정황도 없었고 반 아이들도 그런 적이 없다고 발뺌하는 상황이라 증거를 찾기가 힘들었기 때문이지요.

급기야 A양은 학교에 가는 것이 너무 괴롭고 힘들어 2주째 등교를 하지 않았습니다. 학교 친구 누구와도 마음을 붙이지 못해 죽고 싶다는 생각에 자해 시도도 여러 번 했지요.

A양의 상황이 이렇게 벼랑 끝에 몰리자 A양의 부모님은 학교에 자치위원회 개최를 요청했습니다. 그러나 증거를 찾기 어렵고 다른 학생들의 진술도 없는 상황이라 가해학생들에게 서면으로 사과 조치를 하는 것으로 끝났습니다. 하지만 A양은 여전히 학교에 가는 것을 두려워하고 매일 눈물로 지새우고 있습니다.

상담 내용

　A양처럼 사소한 학교폭력을 당해도 신고해야 할지 고민하는 친구들이 있을 수 있습니다. 증거가 없으니 사소하게 괴롭히는 것은 학교폭력이 아니라고 생각하는 친구들도 있을 수 있지요. 따라서 「학교폭력 예방 및 대책에 관한 법률 제2조 1의 2」를 보다 정확하게 알 필요가 있습니다.

　'따돌림' 이란 학교 내외에서 2명 이상의 학생이 특정인이나 특정집단의 학생을 대상으로 지속적이거나 반복적으로 신체적 또는 심리적 공격을 가하여 상대방이 고통을 느끼도록 하는 일체의 행위라고 정의를 내리고 있습니다. A양의 사례처럼 특정학생을 지속적·반복적으로 신체적·심리적 공격을 가했고 이에 A양이 고통을 느껴 자해 시도를 했다는 것은 학교폭력에 해당됩니다.

　학교에서도 정기적으로 학교폭력에 대한 교육이나 설문지 등으로 조사를 하므로 요즘에는 눈에 띄는 신체적 폭행보다는 은밀하게 진행하는 심리적 왕따 사례들이 늘어나고 있습니다. 학급 안에서 일어나는 학교폭력이 점점 더 은밀해진다고 할 수 있지요.

특히 A양의 사례처럼 학교폭력 피해를 당하고 있는 것은 분명한데, 증거도 없고 진술하는 친구들도 없는 경우가 그렇습니다. 그렇게 폭력에 시달리던 A양은 정말 친구들이 두렵고, 학교에 가기가 싫을 수밖에 없지요. 매일 얼굴 보며 학교에서 함께 생활하는 친구들인데 매일매일 장난인 척하면서 괴롭히고 선생님에게는 약속한 듯이 폭력에 대해 진술도 하지 않으니 그 친구들이 얼마나 두려울까요.

그렇다면 가해를 하는 친구들은 언제까지 비밀을 지킬 수 있을까요? 분명 반 친구들 가운데 마음이 불편하거나 도와주고 싶은데 자신이 한 행동 때문에 도와주고 싶어도 도와주지 못하는 친구도 있을 것입니다. 조금 어렵겠지만 유턴할 수 있는 방법이 있어요.

첫 번째, 솔직해지는 것입니다. 자신의 잘못된 행동에 대해 반성하고 담임선생님에게 문자나 편지로 다른 친구들 몰래 전달하는 거지요. 또는 피해를 당하는 친구에게 일어났던 사건에 대해 본 대로 선생님께 알리는 겁니다. 그러면 그 처리는 담임선생님께서 「학교폭력 예방 및 대책에 관한 법률」에 따라서 처리해주실 것입니다.

두 번째, 사실을 밝힐 용기가 없다면 방과 후 피해학생과 조용히 만나서 본인(가해학생)이 피해학생을 괴롭혔던 잘못된 행동들에 대해 진심어린 사과를 하는 것입니다. 피해학생이 정말로 원하는 것은 가해학생들의 진심어린 사과입니다. 진심어린 사과를 한다면 피해학생의 속상한 마음이 조금 풀릴 수 있기 때문입니다.

그리고 학교와 담임선생님은 먼저 해당 학급 또는 해당 학년을 대상으로 맞춤 예방교육을 실시해야 합니다. 해당 학급 학생들은 증거가 없는데다 진술도 하지 않았으니 자신들의 잘못된 행동을 계속하게 되고, 죄가 없다는 잘못된 인식을 하게 됩니다. 학교폭력에 대한 맞춤 예방교육을 통해 가해학생들의 잘못된 인식을 바꿔주어야 합니다. 사소하게 장난으로 시작했더라도 이 또한 학교폭력이라는 것을 알리고 학급 학생들이 스스로 대안을 모색할 수 있도록 프로그램을 진행한다면 학급 분위기를 바꿀 수 있습니다.

마지막으로 담임선생님은 10분 이내로 학교폭력에 대한 교육을 때때로 해야 합니다.

"친구들을 괴롭히거나 따돌리는 것은 학교폭력입니다. 장난으로 한 행동이라 해도 상대방은 무척 괴로울 수 있어요. 입장을 바꿔 생각해봐요. 학교폭력을 저지르면 그에 따른 책임(가해학생에 대한 조치)을 져야 합니다. 상대방이 원인 제공을 한 점이 있더라도, 폭력은 용인될 수 없기 때문입니다."

유행처럼 번지는 따돌림 놀이가 무서워요

- 사례 유형 : 따돌림
- 피해학생 : 총 1인(초 6, 남)
- 가해학생 : 반 전체

초등학교 6학년인 A군은 원래 내성적이고 소심한 편이지만 친구관계에는 별다른 어려움이 없는 학생이었습니다. 그런데 5월, 친구들 사이에 바이러스 놀이가 유행하면서 A군을 더럽다며 피하거나 놀리기 시작했습니다.

처음에는 장난으로 그러다 말겠지 하고 넘어갔으나 점점 심해졌습니다. 친구들이 A군과 가까이 앉으려 하지도 않았고 지나다가 옷자락만 스쳐도 욕을 했습니다. A군이 무슨 말을 하면 무시하는 등 반 전체에서 따돌림을 당하게 되었습니다.

결국 A군은 선생님에게 도움을 청했습니다. 그러나 선생님은 "너만 아니면 되지. 참고 무시해"라고만 이야기하고 개입을 하지 않았습니다. A군은 선생님 말을 듣고 친구들의 행동을 무시하고 참았지만 그럴수록 친구들은 A군을 더욱 놀리고 따돌릴 뿐이었습니다.

그러던 어느 날 A군은 너무나 힘들어 어머니에게 학교 가기 싫다고 울면서 그동안의 일들을 알렸습니다.

A군의 어머니는 이야기를 듣고 화가 나 곧바로 학교로 찾아갔습니다. 담임선생님은 친구들 사이에 있을 수 있는 일인데 A군이 너무 예민하게 받아들이는 것 같다고 했습니다. A군이 정말 힘들어하면 전학을 가는 것이 어떻겠냐고 권유했습니다.

A군의 어머니는 아이들의 행동은 분명 학교폭력이라고 공개 사과를 요구했으나 학교 측에서는 받아들이지 않았습니다. 그후 A군만 더 힘들어지는 것 같아 전학 가야 하는 것은 아닌지 고민에 빠져 있습니다.

초등학교의 경우, A군의 반 학생들처럼 자신의 행동을 그냥 장난으로 여기고 학교폭력인 줄 모르는 친구들이 많습니다. 앞에서 말했듯이 장난은 서로가 즐겁지만, 학교폭력은 결코 그렇지 않습니다. 가해를 하는 학생만 즐겁다고 할 수 있습니다.

입장을 바꿔 생각해보길 바랍니다. 누구나 A군의 입장이 된다면 심리적인 스트레스를 받고 학교생활을 하는 데 어려움을 겪습니다. 더구나 이 경우에 담임선생님은 A군이 느끼는 고통을 '심각하지 않다'라고 생각하신 것 같습니다. 눈에 보이지 않는 학교폭력일수록 후유증이 더 심각할 수 있으므로 피해학생의 이야기를 듣고 고통 정도, 피해기간 등에 대해 깊이 상담해야 합니다.

그리고 학교폭력으로 처리 절차를 진행하거나 학급 내 예방교육을 진행해야 합니다. 장난도 학교폭력이라는 것을 학생들이 알게 하고, 학급 분위기를 바꾸기 위해서는 담임선생님과 학교 측의 노력이 필요합니다.

A군은 자신의 의사를 분명히 말할 수 있는 나이이기 때문에 부

모님은 A군의 요구와 문제점에 대해 들어보고 해결 방안을 모색해야 합니다. A군과 함께 모색한 방법들 가운데 아이가 원하는 방법으로 문제를 해결해야 합니다.

만약 부모님이 방법을 모색하기 어렵거나 도움이 필요하다면, 학교폭력으로 도움을 받을 수 있는 기관에 도움을 요청해도 좋습니다.

☎ 도움을 받을 수 있는 기관

교육부, 시도별 교육지원청, 117 전화상담, 청소년폭력예방재단(학교폭력 지원단, 1588-9128 상담전화, 무료 법률상담 신청 등), 학교폭력 피해자지원센터, 전국 wee센터, 학교폭력피해자가족협의회 등

A군이 학교폭력을 해결하기 위해 선택한 방법들을 살펴보면, 초기에는 무시하며 아이들이 괴롭히지 않기를 기다렸지만 점점 심해지자 담임선생님에게 도움을 요청하여 방법을 찾습니다.

그러나 담임선생님이 알려주신 방법에 한계가 있자 다음에는 부모님에게 도움을 요청합니다.

학교폭력을 당한 피해학생은 담임선생님이나 부모에게 도움의 손길을 요청합니다. 따라서 담임선생님과 부모님은 주의 깊게 들어야 조기에 학교폭력을 파악하고 도움을 줄 수 있습니다.

학교폭력에 오랫동안 당하다 보면 먼저 심리적으로 위축이 되고

눈치를 보면서 타인과 소통하지 않으려 합니다.

그렇기 때문에 학교폭력이 발생하면 최대한 빨리 상담, 치료, 처벌 등을 진행해야 피해학생이 곧 회복하여 예전처럼 지낼 수 있습니다.

전학은 해결책이 아니기에 아이와 꼭 상의해서 최선의 방법을 찾는 것이 지혜로운 선택이라는 점을 잊지 말아야 합니다.

지속적인 괴롭힘에 폭력으로 대응했어요

- 사례 유형 : 신체폭력
- 피해학생 : 총 7인(중 1, 남)
- 가해학생 : 총 1인(중 1, 남)

C군은 초등학교 5, 6학년 때 여러 명의 무리에게 괴롭힘을 받았습니다. 무리 중 세 명은 심심하면 C군에게 다른 친구들과 10회 이상 싸움을 하라고 시켰습니다. C군은 상대가 싸움을 걸더라도 싸워야 하는 이유가 있을 때에만 싸웠습니다. 단순히 싸움을 붙이는 문자 내용에는 참았지만 부모님에 대해 욕을 하면 참을 수 없어 싸우러 나가곤 했습니다.

그런데 그 싸움이 점점 확대되고 악화되었습니다. 어느 날은 무척 화가 치밀었고 상대가 많아 야구 방망이와 칼을 들고 나갔는데, 결국 신경전을 벌이다 추격전으로 끝났습니다.

이후 C군이 다른 중학교로 배정을 받았지만 그 무리는 C군의 학교로 찾아와 계속 싸움을 걸었습니다. 결국 싸우려는 모습을 본 경찰에게 걸려 청소년 참여재판을 받게 되었고, 이해과제를 이수해야 했습니다.

상담 내용

C군은 전형적인 괴롭힘의 피해학생입니다. 하지만 초등학교 때에는 주변에 도움을 전혀 요청하지 않았던 것 같습니다. 이후 다른 중학교에 배정되었지만 가해학생 무리가 C군에게 찾아와 또 싸움을 걸었습니다.

여기서 C군이 싸움을 선택한 것은 옳지 않은 일임을 모두 잘 알것입니다. 본인도 자신의 선택에 대해 후회할 수도 있겠지요. C군의 학교폭력은 초등학교 5학년 때부터 중학교 1학년 현재까지 지속되다 보니 마음속에 쌓인 분노와 짜증, 그리고 좋지 않은 감정들이 있습니다. 또한 이번에 싸워서 아주 끝내고 싶은 마음도 있었을 것입니다. 물론 그 마음을 이해할 수 있습니다.

하지만 이런 경우에도 반드시 알아야 할 점이 있습니다. 「학교폭력 예방 및 대책에 관한 법률」에 보면, 타 학교 학생들끼리 학교폭력 사안이 발생할 경우, 두 학교에서 서로 협의해 자치위원회를 열어 진행하도록 되어 있습니다. 아무리 피해학생으로 2년 넘게 괴롭힘을 당했다 해도 싸움에서 가해자가 되었다면 처벌을 받는다는 점입니다.

본인의 억울한 감정과 화를 풀려면 적법한 절차에 따라 처리해야 합니다. 그래야 자신도 보호받을 수 있고 가해자도 처벌받을 수 있습니다. 「학교폭력 예방 및 대책에 관한 법률」에 따라 자치위원회를 학교 측에 요청해야 합니다. 본인이 말하기가 꺼려진다면 부모님에게 도움을 청해 학교 측에 요청할 수 있는 방법도 있습니다.

「학교폭력 예방 및 대책에 관한 법률」을 제정하지 않았을 때에는 이런 학교폭력의 경우 "아이들은 싸우면서 크는 거다" 하며 남학생들 사이에서의 싸움을 대수롭지 않게 생각하기도 했습니다. 그런데 요즘은 그렇지 않습니다. 학교폭력이 점점 심각해지고 심지어 자살을 생각하는 친구들도 많아지면서 학교폭력법이 생기게 되었지요.

주변에서 사소한 폭력이라고 여길지라도 본인이 그 사건으로 심각한 고통을 느낀다면 그것은 학교폭력이 분명합니다. 본인이 해결하기 위해 노력하는 것 또한 중요하지만, 노력은 했지만 해결되지 않고 점점 심각해지면 담임선생님, 부모님, 상담선생님 등에게 꼭 도움을 요청하기를 바랍니다. 그분들이 도움을 주실 것입니다.

큰 덩치 때문에 위협적일 것이라는 이유로 이용당했어요

- 사례 유형: 이용당함
- 피해학생: 총 1인(고 1 학업 중단, 남)
- 가해학생: 중학교 동창

한 부모 가정의 어머니 슬하에서 자란 A군은 초등학교 때부터 결벽행동을 하는 등, 또래에 비해 튀는 부분이 있어 친구관계에 어려움을 겪었습니다. 그럼에도 늘 친구들에게 환심을 사려고 캐릭터 카드 등을 모아 친구들에게 나눠주기도 했습니다.

그런 행동은 중학교에 진학한 후에도 이어져 끝내 어머니의 지갑에 손을 대는 나쁜 행동으로 나타났습니다. 꾸중과 야단을 맞아도 잘 고쳐지지 않은 이유는 나쁜 친구들이 A군에게 돈을 요구했기 때문이지요.

어느 날, 그 친구들이 노래방으로 A군을 끌고 가 단체로 폭행을 하여 경찰이 출동하는 상황이 벌어졌습니다. 그런 상황에도 A군은 경찰에 신고를 한 어머니 탓을 하며 친구들의 처벌을 원하지 않았습니다.

그러나 이후에 A군은 잘못을 느끼고 나쁜 친구 무리에서 빠져나오려는 모습을 보였습니다.

나쁜 친구들이 키 180센티미터에 100킬로그램에 가까운 체격의 A군을 앞세워 약한 친구들을 괴롭히고 돈을 빼앗는 등, 자신이 원하지 않는 상황이 계속되었기 때문이지요.

이후 A군은 고등학교에 진학하면서 성당 친구들 외에는 만나지 않았습니다. 그러나 예전의 나쁜 친구들과 다시 어울릴까 봐 걱정하다가 결국 자퇴를 하고 집에서 지내고 있습니다.

상담 내용

A군은 학교폭력 피해학생입니다. 그런데 큰 체구 때문에 원하지 않는 상황에서 약한 친구들을 괴롭히고 돈을 빼앗는 가해학생이 되었습니다. 본인이 원해서 가해자가 된 것이 아니라 강제로 핵심 가해학생들의 조종으로 그렇게 된 경우입니다.

따라서 본인이 한 행동이 학교폭력 가해행동이기에 「학교폭력 예방 및 대책에 관한 법률」에 따라 자치위원회가 열려 처벌을 받는다면 A군은 많이 억울할 것입니다. 뒤에서 조종한 핵심 가해학생들은 처벌을 낮게 받을 수도 있으니 A군의 입장에서는 얼마나 억울할까요?

그런데 A군은 가해학생들이 무서워, 솔직하고도 진실하게 말하지 못하는 상황입니다. 정말 속으로 끙끙 앓다가 또다시 만나는 두려운 상황이 될까 여러 걱정으로 결국 자퇴를 하고 말았습니다.

이때 담임선생님과 학교 측에서 A군의 이러한 심정을 제대로 알고 배려해주는 것이 매우 중요합니다. A군이 자퇴하더라도 다시 학교에 복귀할 수 있는 방법을 안내해주거나 치료받을 수 있는 기관을 연결해준다면 A군은 두려움에서 벗어나 더 이상 집에만 있지 않을 것이기 때문입니다.

자퇴하기 전에 누군가가 적극적으로 A군의 사정을 듣고 개입하여 원스톱으로 도움을 주었다면 자퇴가 아닌 다른 선택을 할 수도 있었습니다. 하지만 자퇴한 상황에서 A군이 어떻게 사회에 나올지, 아니면 학교 울타리에 다시 들어갈지 선택할 수 있도록 길잡이가 되어줄 도우미가 필요합니다.

과거 담임선생님이나 지역에 있는 상담복지센터 상담선생님, 멘토 선생님 등을 만나서 현재의 문제를 하나씩 해결해가면 좋을 듯합니다.

평생 가해학생들과 만날까 두려워서 집에만 있는 것은 A학생도 원치 않겠지요. 지금이라도 늦지 않았으니 도움의 손길을 한번 내밀면 정말 좋겠습니다.

학교 일진으로 군림하며 학생들을 관리했어요

- 사례 유형 : 괴롭힘, 폭력
- 피해학생 : 총 1인(중 3, 남)
- 가해학생 : 총 1인(중 3, 남)

중학교 3학년인 A군의 집안은 조폭 출신의 아버지와 장애를 가진 어머니가 이혼한 상태입니다. A군은 현재 큰형과 살고 있고 작은형은 지방학교의 기숙사에서 지내고 있습니다. A군은 키가 180센티미터로 체구가 큰 편이며, 가방도 없이 학교에 다닙니다. 학교에서 수업은 듣지 않고 주로 스마트폰으로 70명 정도의 학교 후배들을 카톡으로 관리합니다.

그의 후배들은 주변 친구들이나 선후배와의 갈등이나 문제가 생기면 A군에게 알립니다. 그럴 때마다 A군이 직접 나서서 압력을 행사하면서 문제를 해결해주곤 했습니다. 그러고는 인적이 뜸한 밤 늦은 시간에 학교 근처에 있는 공원으로 후배들을 불러내 벌도 주기도 하고 인사를 하지 않는다고 때리기도 했습니다. 때로는 길을 가다가 길 건너편에 같은 학교 남학생이 보이면 큰소리로 겁을 주기도 했지요.

A군은 그냥 장난이라고 말하지만, 멍이 들 정도로 상대방의 가

슴을 구타하여 폭력적인 행동을 보인 적도 있었습니다. 술은 한 달 반을 계속 마시고 담배도 초등학교 때부터 지금까지 계속 피우고 있습니다.

최근에는 여자친구가 같은 반 남학생에게 험한 말을 들었다는 이야기를 듣고, 손을 봐준다며 그 남학생을 불러내어 여자친구에게 사과하라고 요구했습니다. 그때 남학생이 거절하자 A군은 쇠파이프를 들고 위협하며 강압적인 분위기를 만들었습니다. 당시 직접적으로 폭력을 가하지는 않았지만 그 남학생이 경찰서에 신고해 A군은 경찰서에서 조사를 받았습니다. 경찰에서 A군을 흉기 소지 폭행죄를 적용하자 학교에서도 자치위원회를 열어 징계 조치를 취했습니다.

이미 한 학년을 유급 조치 받은 상태이며 예전에도 학교에서 이런저런 물의를 일으킨 전례가 있고 출석일수도 모자라서 강제로 전학 조치를 당한 상태입니다.

학교에서 일진으로 불리며 생활하는 A군의 사례입니다. A군은 후배들을 관리하며 폭행으로 괴롭히다가 자치위원회가 열리고 경찰서까지 들락거리는 등 학교에서 인정받지 못하는 학생이지요.

이런 경우 A군에게 학교폭력법이나 소년법 등에 따라 처벌을 내린다는 것은 무의미할 것 같습니다. A군은 처음부터 일진이 아니었기 때문입니다. 현재 일진으로 생활하는 것이 습관처럼 되었으므로 상담이 절실히 필요한 상황입니다.

먼저 어릴 적부터 어떤 가정에서 자랐고, 심리적 상태는 어떤지 등을 파악하는 것이 중요합니다. 지금 일진이 될 수밖에 없었던 이유는 무엇인지 등을 다루면서 A군을 이해할 수 있는 누군가가 있다면 A군의 복합적인 문제를 하나씩 해결할 수 있을 것입니다.

학교폭력의 주요 문제처럼 보이지만 그 이면에는 A군의 상황이 무엇보다 중요합니다. A군이 학교에서 유일하게 할 수 있고, 인정받을 수 있는 것이 학교폭력이기 때문입니다.

돌아보면 우리 주변에는 일진학생들이 많습니다. 그 친구들의 학교폭력 문제는 단순히 피하기만 한다고 해서 해결되지 않습니다. 일진이라는 불행한 이름을 달고 다니는 그 학생들에게 모두가 관심을 가지고 머리를 맞대며 고민해야 합니다.

일진으로 불리는 학생들도 학교의 구성원입니다. 근본적으로 그 학생들을 어떻게 대하고 주위의 편견에서 그 학생들을 어떻게 보호해줄지 우리 모두 함께 나서야 합니다.

따돌림의 아픔,
소중한 친구가 되어주세요

대중과 호흡하는 멋진 가수

하나, 평생 가장 소중한 재산인
소중한 친구 만들기

웬 아이가 보았네 들에 핀 장미화
갓 피어난 어여쁜 그 향기에 취해서
정신없이 보네
장미화야 장미화
들에 핀 장미화

가곡의 왕인 슈베르트의 '들장미' 라는 노래 가사입니다. 가수 소이라는 이름으로 살아가는 나에게 음악은 내 삶의 아주 소중한 부분이지요. 어려서부터 어머니와 아버지가 휴일 아침에 커피 한 잔을 하시며 은은하게 들려주던 노래입니다.

"엄마, 이 노래는 멜로디가 좋은 것 같은데 왠지 슬프기도 해."

"그렇게 느꼈니? 가곡의 왕 슈베르트가 괴테의 시에 작곡했는데 아름다운 사랑을 하고픈 마음이 담겨 있지. 슈베르트의 삶을 알면 더욱 아름답게 들릴 거야."

그 후에 알게 되었지만 슈베르트는 천재적인 음악성을 가졌지만 어렸을 때부터 지독한 가난과 병마로 고통 받았다고 합니다.

흥미로운 점은 슈베르트는 거의 평생 동안 제대로 돈을 벌지 못했다고 합니다. 그런데 세상을 떠나기 전 바로 그해 1828년 3월에 슈베르트가 자작 발표 연주회를 열었는데 그야말로 대성공을 거두고 처음으로 엄청난 돈을 손에 넣었다고 합니다. 그런데 그 돈으로 무엇을 했느냐고요?

먼저 어렵게 살면서 사람들에게 빌린 돈을 갚고 평생 동안 그토록 갖고 싶었던 피아노를 샀다고 합니다. 그리고 그동안 신세를 졌던 고마운 친구들에게 크게 한턱을 내고 보니 번 돈이 다 없어졌다나요? 특히 슈베르트가 친구들에게 크게 한턱을 쓴 것은 자랑을 하기 위해서가 아니었습니다.

끈질긴 가난과 병마 속에서도 그가 용기를 잃지 않고 주옥 같은 음악을 만들 수 있었던 것은 바로 친구들의 후원과 격려가 있었기 때문입니다. 지금 우리가 슈베르트의 수많은 아름다운 가곡을 들을 수 있는 것도 그의 재능을 진심으로 아끼고 도움을 주었던 친구가 있었기에 가능했던 것이지요.

그러고 보니 '친구!' 친구는 참으로 슈베르트의 아름다운 노래만큼 듣기 좋고 친근한 단어입니다. 친구라는 단어를 떠올리면 보고 싶고, 만나고 싶고, 함께 있으면 즐겁고, 행복하게 느껴집니다.

기쁠 때나 슬플 때나 늘 같이 있고 싶은 그리운 얼굴입니다.

그래서 평생 함께할 친구 세 명만 있어도 성공한 인생, 행복한 인생이라고 합니다. 진실한 친구를 얻기가 그만큼 힘들다는 의미와 함께, 그런 진정한 친구는 살아가면서 기쁨은 몇 배로 늘려주고, 슬픔과 고통은 반으로 줄여주기 때문이겠지요. 친구가 없다면 우리의 삶은 그야말로 황량한 사막이나 마찬가지일 것입니다.

그런데 요즘 어린이, 청소년 친구들 중에는 평생 함께해야 할 소중한 친구보다는 헐뜯고 괴롭히고 폭력을 행사하는 친구가 더 많다고 합니다.

학창시절은 사회에 나가기 전까지 스스로 독립할 수 있는 다양한 준비를 하는 기간입니다. 자신의 적성과 재능에 맞는 목표를 설정하고 열심히 공부하는 것은 물론, 인격적인 부분과 더불어 행복하게 살아갈 수 있는 소양을 기르는 시기이기도 하지요. 뿐만 아니라 사회의 구성원들이 모두 각자의 개성을 갖고 살아가기에 차이와 다름을 인정하고 존중하면서 소중한 친구관계를 형성하는 시기입니다. 다시 말해 평생 격려하고 배려하며 기쁨과 슬픔을 함께하는 친구를 만나는 시기입니다.

어린이, 청소년 여러분! 친구관계에서 친구에게 줄 때 더 행복한지, 친구에게 받을 때 더 행복한지 곰곰이 생각해보길 바랍니다. 생각의 차이가 있지만 아마 대부분의 우리 친구들은 줄 때 더 행복하게 느낄 거예요.

그런데 이보다 더 중요한 것은 무엇을 주는가입니다. 물질적인 것도 있지만 따뜻한 감사의 말, 배려하고 양보하는 행동, 진심으로 축하하는 말 등은 사람의 마음을 정말 기쁘게 합니다.

이에 반해 비방하고, 헐뜯으며 비아냥거리는 말이나 행동은 상대방에게 상처를 주고 기분을 상하게 합니다. 진심으로 축하해주고 슬픔을 나누는 친구가 있다는 것은 그 무엇보다도 커다란 재산입니다.

어린이, 청소년 여러분! 학창시절에 평생 가장 소중한 재산인 소중한 친구를 많이 만들어보면 어떨까요? 서로 노력하면서 학교에서 폭력을 없애고 함께 꿈을 키우는 소중한 친구가 되면 어떨까요?

나의 어린 시절, 아버지가 외교관이었기에 외국에서 겪었던 학교폭력 경험이 여러분에게 조금이나마 보탬이 되었으면 합니다.

둘, 전학 가는 것이 싫었던 어린 시절

어릴 때 여러 나라에서 살았다고 하면 부러워하는 사람들이 많습니다. 외교관인 아버지를 따라 어릴 때부터 영국, 미국, 홍콩, 대만 등 여러 나라에서 살았습니다. 물론 중간에 우리나라에서 생활하기도 했지요. 이 나라에서 2년, 저 나라에서 3년……

지금은 지구촌 시대라 여러 나라를 둘러보는 것은 분명 좋은 경험인 것은 맞습니다. 하지만 한창 호기심과 감수성이 예민하고 분

별력이 제대로 형성되지 못한 어린 시기에 그렇게 잦은 외국 생활은 불편함이 많습니다. 또한 또래 집단에 적응하는 데에도 많은 어려움을 겪습니다.

"아이 참, 이제 겨우 한국에서 친구를 사귀었는데 또 다른 나라로 간다고? 싫어."

"소연아(나의 본명은 김소연입니다), 그 나라에는 한국 교민 학교가 있으니까 친구를 금방 사귈 수 있어."

"아냐, 걔네들은 이미 다 친한데 나는 그렇지 않잖아. 나는 다 모르는 애들이잖아."

"친구를 초대하고 해서……"

"그래도 싫어."

하지만 내가 아무리 싫다고 떼를 써도 어쩔 수 없이 외국으로 나가 생활해야 했습니다. 특히 어린 나이에 아버지가 외국으로 발령이 나면 항상 새롭게 적응해야 하는 부담이 컸습니다. 기후나 먹는 문제는 두 번째입니다. 늘 친구관계를 새롭게 만들어야 했기에 힘들었습니다.

지금 생각하면 우습지만, 어떤 아이가 전학을 왔을 때 일단 경계하면서 어떤 아이인지 살펴보는 것처럼, 새롭게 적응하는 문제는 어린 나이일수록 더욱 힘듭니다.

함께 재미있게 떠들고 싶고 신나게 뛰어놀고 싶은데 알지 못하니 그럴 수가 없는 것이지요. 물론 그중에는 호기심을 보이며 접근하는 친구들도 있습니다.

하지만 여러 명의 친구 집단에 자연스럽게 속하려면 꽤 시간이 걸립니다. 친구들과 친하게 되기까지 짧게는 몇 주, 길게는 몇 달이 걸리기도 하지요.

조금 친해졌다 해도 사귄 기간이 짧다 보니 가끔 무시를 당하는 경우도 있는데 그때는 정말 속상합니다.

"너는 좀 가만히 있어. 이건 그동안 우리끼리 준비한 거니까 일단 너는 빠져."

"으~응, 알았어."

나도 함께하면 잘할 수 있는데……. 잘 지내다가도 가끔 소외를 당하면 속이 상하기도 하지만 당황스럽습니다. 괜히 멋쩍어 정말 창피하기도 합니다. 이런 상황은 한국에서나 외국에서나 전학을 자주 했던 나에게는 크게 다르지 않습니다.

"소연이, 오늘 친구하고 많이 얘기했니?"

"아직 친구 이름도 다 모르는데 무슨 말을 많이 해?"

전학하자마자 걱정이 되어 물어보는 어머니에게 신경질적인 반응을 보인 적도 꽤 많았지요. 그런데 이 정도는 약과입니다. 그나마 한국이나 외국의 한국인 학교에서는 말이 통하니 친구들을 사귀면서 친하게 지내려고 이런저런 노력을 할 수 있었습니다. 그런데 외국인 학교로 전학을 가게 되면 상황이 심각해졌습니다.

열 살 때입니다. 아버지가 대만으로 발령이 났을 때 한동안 한국 교민 자녀들을 위한 초등학교에 다녔습니다. 그런데 집을 옮기면서 외국인 학교로 전학을 가자 큰 혼란을 겪게 되었습니다. 어렸을 때 내가 처음 익힌 언어는 홍콩에서 배운 영어였습니다. 하지만 다시 한국으로 돌아와 우리말을 쓴 탓에 영어는 겨우 알파벳만 기억하는 정도였습니다.

"소연아, 미안한데 이사하면 지금 다니는 학교가 너무 멀어. 어쩔 수 없이 외국인 학교로 전학을 가야 해."

"또 전학 가?"

"아이, 좋잖아. 그 학교에 가면 외국인 친구도 사귀고, 영어도 배우고 좋단다."

"그런데 나 영어 잘 못해. 다 잊어먹었어."

"너는 아직 초등학생이니까 아이들과 친하게 지내다 보면 금방 잘할 수 있어."

"그래도 수업을 어떻게 들어?"

"아냐, 소연이는 똑똑하니까 금방 잘할 수 있을 거야."

그동안 몇 번의 전학을 했던 터라 떼를 써도 소용 없다는 것을 알기에 어머니의 말을 순순히 받아들였습니다. 그래도 조금은 컸기에 외국 아이들을 사귄다는 것에 호기심도 생겼습니다. 정작 영어를 잘 못하는 것이 은근히 걱정되었습니다.

막상 전학을 가보니 나의 기대와는 달랐습니다. 외국인 학교라고는 하지만 대다수가 외국 국적을 지닌 대만 학생들이었습니다. 한 학년에 반이 두 개였고 50명의 학생이 전부였습니다.

'에이, 학교가 되게 작네, 뭐. 나는 미국이나 유럽 아이들도 꽤 있는 줄 알았는데 그렇지도 않네.'

나는 학교를 처음 접하는 순간 속으로 실망했습니다. 지금 생각해보면 아이들이 대부분 같은 동양권이라 크게 긴장하지 않았던 것 같습니다. 오히려 이 학교 아이들이 한국인을 처음 본 것처럼 신기해했습니다. 사실 학교에 한국인은 나 혼자였습니다.

반 아이들이 신기한 듯 나를 쳐다보았습니다. 아직 어린아이들이니 처음 보는 한국 아이가 당연히 신기했을 것입니다. 처음에는 당황하지 않았는데 주변에서 아이들이 자꾸 나를 쳐다보니 긴장이 되었습니다.

하나 둘…… 아이들이 다가와서 내게 이런저런 말을 건넸지만 나는 그때마다 멋쩍은 미소를 지었습니다. 사실 아이들이 말을 걸어도 무슨 말인지 몰랐으니 어쩔 수 없었습니다. 그냥 아무 말도 못하고 가만히 앉아 있는 것이 상책이었습니다. 그런 긴장이 답답하기도 했지만 아이들이 나에게 많은 관심을 가지는 것이 그리 싫지는 않았습니다. 그래도 수업이 끝나고 집에 오면 어머니한테 괜한 심통을 부리기도 했습니다.

"엄마! 애들이 자꾸 와서 쳐다봐. 동물원의 원숭이도 아닌데 신기하게 쳐다본다고. 창피해서 죽겠어."

"소연아, 그건 아이들이 너와 친해지고 싶어서 그런 거야."

"뭐라고 말을 거는데 하나도 못 알아듣겠어. 에이, 다시 전학 갔으면 좋겠어."

"아니야, 조금만 더 지내면서 영어로 말이 통하면 괜찮아져."

"몰라!"

그렇게 대만에서의 나의 외국인 학교생활이 시작되었습니다.

넷, 유명세와 시기심으로 얼룩진 혼란스러운 생활

사실 외국인 학교 초기에는 별다른 문제가 없었습니다. 나에 대한 호기심과 관심이 있는 친구들이 상냥하게 대해주었고 도와주는 친구들도 꽤 있었습니다. 나도 친구들이 하나 둘 생겼고, 그런 친구들과 학교생활에 적응하느라 정신없었기 때문이지요.

친구들과 생활하면서 영어도 조금씩 익숙해지기 시작했습니다. 시간이 지나면서 어렸을 때 익힌 영어를 어느 정도 다시 구사하게 되자 점차 학교생활도 적응이 되었습니다. 이제 말이 통하자 아이들은 나에 대해 더욱 궁금해했습니다. 옆 반에서도 아이들이 찾아와 관심을 보이기 시작했습니다.

"우리나라에는 어떻게 왔어?"

"응, 너희 아빠 외교관이구나."

"어느 나라에 가봤어?"

"서울하고 홍콩하고 어디가 더 멋있어?"

아이들은 이것저것 물으며 나에게 관심을 보였습니다. 쉬는 시간마다 아이들이 내 주변에 모여 이런저런 이야기를 하곤 했습니다. 그런데 당황스러운 것은 그런 상황이 이어지면서 어느새 내가 우리 학년에서 주요 토픽이 된 것이었습니다. 대만 아이들이 느끼는 외국인에 대한 유명세라고나 할까요, 아니면 호기심에 금방 달아오른 인기라고나 할까요.

한국 아이가 한 명도 없는 학교에서 나의 의지와는 전혀 상관없이 갑작스럽게 유명세를 타게 되니 부담이 되었습니다. 하지만 그런 상황을 나 자신이 억지로 만든 것도 아니니 어쩔 수도 없었습니다. 결국 그 유명세가 문제가 되었습니다.

시기심! 질투!

그런 감정은 여러 구성원이 함께 지내면서 경쟁 심리가 작용하다 보니 나타나는 문제입니다. 잘 지내다가도 시기심과 질투가 생기면 금세 관계가 어색해지고 점점 멀어집니다. 심하면 노골적으로 불편한 마음을 드러내기도 하지요.

아니나 다를까, 갑자기 한국 아이가 전학 와서 아이들의 관심이 집중되다 보니 이것을 못마땅해하는 여자아이들이 생기기 시작했습니다.

전학 초기에 친절했던 아이들이 점차 차가운 시선으로 나를 바라보았습니다. 아예 드러내놓고 나를 미워하기 시작했습니다.

"소연, 쟤 쪼그만 게 재수 없어."

처음에는 한두 명이 그러더니 두세 명으로, 대여섯 명으로 늘어났습니다. 금세 우리 반 대부분의 여자아이들이 한 무리가 되어 나의 모든 것을 반대했습니다. 사실 대만 아이들이 대부분인 상황에서 한국 아이 한 명쯤 따돌리는 것은 정말 쉬운 일이었습니다.

"오늘부터 우리는 다른 나라 아이들과는 안 놀아."

"그래, 잘나지도 않았으면서 되게 잘난 척해. 난 쟤하고 말도 안 할 거야."

여자아이들이 나를 딸기라고 놀리며 나에게 들릴 정도로 험담을 했는데 그럴 때는 대부분 중국어로 했습니다. 그때마다 나는 일부러 못 알아듣는 척했습니다. 그나마 옆에 앉은 '애니'라는 친구만이 여자아이들이 못됐다며 같이 밥을 먹고 말을 걸어주어 위안이 되었습니다.

다섯, 심해지는 따돌림과 폭력, 그리고 고마운 친구

점점 시간이 지나면서 여자아이들은 더욱 노골적으로 나를 따돌리며 심한 말을 했습니다.

"여기는 너희 나라가 아니잖아. 한국으로 가."

"왜 그래, 내가 뭘 잘못했는데?"

"너는 대만 사람 아니잖아. 그러니까 너희 나라로 가야지."

여자아이들은 툭하면 나에게 다시 한국으로 돌아가라는 말을 아무 거리낌 없이 했습니다. 학교생활에 이제 적응하며 즐겁고 재미있게 생활하려던 참이었는데 헛일이 되었습니다. 그 후 나는 도서관에서 지내는 시간이 많았고 학교가 끝나면 얼른 집에 돌아가는 것만 생각했습니다.

학교에서 여자아이들에게 따돌림을 당하면 힘들 것이라고 생각했어도 막상 당하고 보니 어머니, 아버지에게 이런 사정을 말할 수 없었습니다. 그동안 내가 인기가 있다고 자랑했는데 이제 와서 따돌림을 당하니 자존심이 상하기도 했지만, 아이들이 한국으로 돌아가라고 했다는 말은 차마 할 수가 없었습니다. 어린 나이였지만 어머니, 아버지가 걱정하시는 것도 미안했고, 한국으로 우리 가족이 돌아간다는 것은 아버지가 직장을 그만두어야 한다는 것을 의미하기 때문에 그럴 수 없었지요. 그래서 집에서는 아무 일 없는 듯이 행동했습니다.

내가 그렇게 태연하게 지내면 지낼수록 여자아이들의 행동은 점점 더 과격해졌습니다. 결국 내게 평생 잊지 못할 사건이 터지고 말았습니다.

여자아이들의 따돌림이 더욱 심해진 어느 날, 학교 행사가 끝나고 교실 청소를 하던 때였습니다. 교실에서 한 무리의 여자아이들이 한쪽에서 자기들끼리 무언가 쑥덕거리고 있었지요. 나는 모른 척 청소만 했습니다. 그때 그중 한 명이 나에게 다가왔습니다.

– 찰싹!

그 아이는 아무 말 없이 내 뺨을 때리고 휙 뒤돌아섰습니다. 나는 순간적으로 너무 놀라 아무 말도, 어떤 반응도 할 수 없었습니다. 너무도 갑작스럽게 일어난 일이라 소리쳐 울고 싶었지만 울음이 나오지 않았습니다. 뺨을 어루만지며 여자아이들의 무리를 보는데 나도 모르게 눈물이 뚝뚝 흘러내렸습니다.

'도대체 내가 왜 이런 일을 당해야 해!'

혼란스럽고 너무도 억울했지만 흐르는 눈물을 닦으며 그저 멍하니 쳐다보는 것이 전부였습니다. 같은 반 남자아이들도 그런 상황에 놀랐나 봅니다. 아무런 이유도 없이 폭력을 가한 여자아이들의 행동에 남자아이들이 대신 화를 내며 내 편을 들어주었는데 이것이 상황을 더욱 악화시켰습니다.

여자아이들은 그날 이후로 더욱 나를 미워했습니다. 지나가면서 툭치는 것은 물론이고 내가 옷 입는 것까지 험담을 하기 시작했습니다.

"쟤는 정말 촌스러워. 무슨 저런 옷을 입냐?"

"하하하, 하하하~~~!"

중국말로 자기들끼리 나를 가리키며 놀려댔습니다. 그렇게 한 달, 두 달, 1년을 버텼습니다. 그나마 악착같이 버텼던 것은 여자아이들의 끊임없는 따돌림에 동요하지 않고 친구 애니가 내 옆에서 용기와 위로를 해주었기 때문이지요. 지금 생각해도 애니는 정말 고맙고 보고 싶은 친구입니다.

여섯, 지울 수 없는 열한 살 학교폭력의 흉터

1년 가까이 지나자 나에 대한 관심이 점차 식어갔습니다. 나를 따돌리던 여자아이들의 괴롭힘도 조금씩 줄어들었습니다. 그러자 다시 말을 거는 아이들도 생겼습니다. 그런데 나를 따돌렸던 여자아이들 중 몇 명이 나를 괴롭히는 것에 흥미가 사라졌는지 다음 대상을 찾았습니다. 하필 그 대상이 애니였습니다. 어느 날 도서관에서 애니와 책을 읽고 있었습니다. 여자아이들이 나를 밖으로 불러냈습니다.

"소연! 이제부터 너를 우리 그룹에 끼워줄게. 대신 애니랑 같이 다니지 마."

"뭐, 애니랑 다니지 말라고?"

순간 아이들이 이제 괴롭히지 않을 테니까 편해질 수 있다는 생각이 들었지만 한편으로는 도저히 그렇게 할 수는 없었습니다.

"어떻게 할래, 우리 말에 따를 거지?"

"아냐, 그럴 수 없어. 나보고 애니를 따돌리라고?"

만약 내가 그 제안을 받아들인다면 애니가 겪을 일들이 너무도 뻔했기에 그 자리에서 거절했습니다. 아무 일 없었다는 듯 애니 옆에 앉아 다시 책을 읽기 시작했습니다. 그때 애니의 표정이 지금도 생생합니다.

"이제 나지? 나랑 놀지 말래지?"

애니는 슬프고 두려운 표정으로 나에게 물었습니다.

여자아이들은 나에 대한 미움을 다시 들춰냈고, 나는 애니와 함께 험담과 괴롭힘을 당해야 했습니다. 그래도 우리 둘은 언제나 함께였기에 잘 견뎌낼 수 있었습니다.

그렇게 학년이 바뀌고 반이 다시 배정되자 다른 반 친구들을 사귀게 되었습니다. 새로운 친구들도 나에 대해 잘 알고 있었습니다. 특히 여자아이들이 따돌리며 미워한 것도 알고 있기에 조금은 두려웠습니다. 하지만 환경이 바뀌고 한 살 더 먹은데다 생각이 커져서 한국인이라는 이유로, 관심을 좀 더 받는다는 이유로 따돌리거나 미워하는 일은 없었습니다.

하지만 새로운 여학생이 전학 오고 주목을 받자 '제2의 Soy Kim'이라고 불렀습니다. 그때 나는 그냥 따라 웃었지만 아직도 그 아이들이 왜 그랬는지 답답하기만 합니다.

이후로 나는 또 다른 외국인 학교로 전학을 가게 되어 마음이 무척 홀가분했지만, 새로운 친구를 만나는 것에 두려움을 갖게 되었습니다. 또다시 나를 따돌리고 미워하는 것은 아닐까 무섭기까지 했습니다.

지금도 모르는 사람을 만날 때면 잔뜩 긴장하는데 그때의 기억이 좀처럼 지워지지 않기 때문이라 생각합니다.

그래서 연예인으로 사는 요즘, 아무런 이유도 없이 올린 악플을 보면 그 기억이 되살아나 무척 괴롭습니다. 그저 재미로, 장난으로 그 사람 자체를 싫어하는 행위는 절대로 용납될 수 없습니다.

그런 괴롭힘을 당하는 사람은 이유도 모르고, 또 당장 해결할 수도 없어 정말 힘들어합니다. 지금은 나를 토닥이며 소중히 여기는 여유를 가졌기에 좀 더 단단해졌지만 그 당시 열 살, 열한 살의 기억은 아직도 내 마음에 흉터로 남아 있습니다.

이런 이야기를 들은 적이 있습니다. 코끼리는 지구상에서 매우 큰 동물에 속합니다. 그런데 인도나 태국에서는 야생 코끼리를 길들이려고 어린 코끼리를 유인해서 우리에 가둔다고 합니다. 아기 코끼리의 발에 굵은 쇠사슬을 채우고 크고 튼튼한 나무기둥에 묶어두지요. 아기 코끼리는 어떡하든 쇠사슬에서 벗어나려고 발버둥을 칩니다. 하지만 큰 나무기둥은 꿈쩍도 하지 않으니 마침내 아기 코끼리는 사슬에서 벗어나는 것이 불가능하다는 사실을 깨닫는다고 합니다.

결국 이런 과정을 거치면서 성장한 코끼리는 쇠사슬이 아니라 가느다란 밧줄로 작은 나뭇가지에 묶어놔도 도망가지 못한다고 합니다.

내가 이런 이야기를 하는 것은, 재미있다거나 즐겁다고 친구를 괴롭히는 말과 행동 등의 쇠사슬로 친구를 묶어두지 말기를 바라는 마음에서입니다.

상처 입은 친구가 스스로 잘 대처하고 도움을 받아 쇠사슬에서 벗어나 나무기둥을 뽑아낼 수도 있지만 그렇지 못한 친구들도 있기 때문이지요. 다시 말해 학창시절의 학교폭력으로 인생을 망치는 친구도 있기 때문입니다.

그래서 어린이, 청소년 여러분에게 꼭 부탁드리고 싶은 말이 있습니다. 소중한 학창시절에 친구에게 따돌리고 괴롭히는 상처와 흉터를 안겨주기보다는 나눔, 배려, 사랑으로 가득 찬 즐겁고 행복한 생활이 되도록 서로 노력했으면 합니다. 우리 친구들에게 파이팅을 보냅니다.

어린 나이에 외국인 학교에서 학교폭력에 많이 힘들었을 텐데 잘 견디고, 애니와 함께 학교폭력에서 버텨낸 소이 언니의 용기에 박수를 보내고 싶네요. 애니가 곁에 있어주었지만, 언어가 다르고 문화권이 다르다는 이유로 집단 따돌림과 폭행을 당했을 때 얼마나 외롭고 두려웠을까요?

소이 언니 말고도 다른 친구를 찾아서 돌고 도는 집단 따돌림까지 스스럼없이 학교폭력을 하는 가해학생들은 대체 어떤 심리상태일까요?

아마 이유 없이, 재미로 가해행동을 했을 거예요. 나와 다른 모습의 친구를 보면서 다름이 아니라 틀린 것이라고 믿고 집단 따돌림과 괴롭힘을 스스럼없이 하는 가해학생들이 많습니다. 많은 국가와 다양한 인종들로 이루어진 이 지구에는 약 70억이 넘는 인구가 살고 있습니다. 따라서 국가와 인종이 다른 것이지, 틀린 것은 절대 아닙니다.

나와 다른 모습과 생각을 가지고 있다 해서 상대방이 틀렸다고 생각하는 친구들이 없길 바랍니다.

요즘 다문화 가정이 늘어나는 추세라 학급에 다문화 가정의 아이도 있을 것입니다. 그 친구들은 나의 모습과 조금 다른 부분이 있을지라도 그 친구들 또한 우리와 똑같이 한국 국적을 가진 친구들이라는 점을 명심해야 합니다. 그 친구를 집단 따돌림을 하거나 괴롭힌다면 「학교폭력 예방 및 대책에 관한 법률」에 적용되어 가해자 처벌을 받습니다.

소이 언니의 사례처럼, 우리나라 학교에 다문화 가정의 아이나 외국인 학생이 전학을 와서 학교폭력의 피해를 당할 수도 있습니다. 그때, 학교폭력이 일어나고 있다고 파악할 수 있는 징후에는 어떤 것이 있을까요?

1. 수업시간에 특정학생에 대한 야유나 험담을 많이 나눈다.
2. 잘못했을 때 놀리거나 비웃는다.
3. 특정학생을 향해 다수가 눈치를 보는 것 같은 낌새가 있다.
4. 이름보다는 비하성 별명이나 욕으로 호칭한다(소이 언니 사례에서 '제2의 Soy Kim' 이라고 부르는 것처럼).
5. 주변 학생들에게 험담을 들어도 특정학생은 이에 반발하지 않는다.
6. 특정학생이 자주 엎드려 있고, 혼자 있는 모습이 자주 보인다.
7. 안색이 좋지 않고, 수업에 집중을 못한다.
8. 자주 지각을 하거나 몸이 아프다는 이유로 조퇴·결석을 하는 일이 늘어난다.
9. 성적이 갑자기 또는 서서히 떨어진다.

10. 특별한 볼일이 없는데도 교무실이나 상담실 주위를 배회하는 일이 잦다.

소이 언니는 성인이 되고 나서도 피해 당했던 사건이 흉터로 남아 있다고 합니다. 학교폭력을 담임선생님이 일찍 파악해서 피해학생을 도와주거나, 애니 같은 친구들이 많아서 피해학생 곁에서 힘이 되어준다면 더할 나위 없겠지요. 그러면 흉터가 남아 있지 않거나 소이 언니보다 흉터가 더 작으리라 믿습니다.

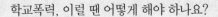

학교폭력, 이럴 땐 어떻게 해야 하나요?

보이지 않는 단순 괴롭힘이 따돌림이 되어 괴로워요

- 사례 유형 : 괴롭힘
- 피해학생 : 총 1인(중 2, 여)
- 가해학생 : 총 2인(중 2, 여)

중학교 2학년인 L양은 초등학교 때부터 반장과 학생회장을 하며 활동적으로 항상 앞에 나서기를 좋아했습니다. 중학교 1학년 때에도 L양은 반장을 했습니다. 가정 형편이 그리 넉넉한 편은 아니었지만, 같은 반 아이들에게 인정을 받고 싶은 욕구가 강해 L양은 어머니에게 부탁해 피자와 치킨 등을 같은 반 친구들에게 사주기도 했습니다. 하지만 이렇게 주도적인 L양의 모습을 싫어하던 같은 반의 A양과 B양이 L양을 괴롭히기 시작했습니다.

A양과 B양은 처음에 L양을 장난하는 식으로 괴롭혔습니다. 체육시간에 L양의 체육복을 숨겨두었다가 체육시간이 끝나면 다시

갖다놓기도 하고, 운동화 한 짝을 숨겼다가 다시 몰래 가져다 놓는 방법으로 L양을 괴롭혔지요. 처음에는 L양은 자신을 시기하는 애들의 장난이라 여기고 무시했습니다.

하지만 시간이 갈수록 괴롭힘의 강도가 세지고 그 방법도 다양해졌습니다. 어느 날 L양이 영어시간 전 잠깐 화장실을 다녀오는 사이에 영어책이 사라진 사건이 발생했습니다. L양은 더 이상 참지 못하고 소리쳤습니다.

"누가 내 책 가져갔는지 밝혀지면 경찰에 신고할 거야!"

그러자 한 친구가 화장실에 영어책이 버려져 있는 것을 보았다고 했습니다. 아니나 다를까, 화장실에 가보니 L양의 영어책이 변기 속에 버려져 있었습니다. L양은 무척 화가 나서 이 사실을 아버지와 어머니에게 말했습니다. 하지만 부모님은 친구들끼리 그 정도의 장난은 칠 수 있다며 대수롭지 않게 생각했지요. L양은 하는 수 없이 참고 지나갔지만 A양과 B양의 괴롭힘은 계속 되었습니다.

그러자 L양의 학교생활이 차츰 뒤틀리기 시작했습니다. L양은 평소에 같은 반 친구인 C양과 친하게 지냈습니다. 그런데 L양이 계속해서 괴롭힘을 당하자 성격이 매우 예민해지면서 C양과도 말다툼을 벌였습니다. 결국 L양은 친한 친구인 C양과의 관계도 멀어지게 되었습니다. 급기야 점심을 혼자 먹는 상황이 되었지요.

A양과 B양은 처음에는 가볍게 괴롭혔는데 차츰 그 강도가 심해졌습니다. L양의 물건을 숨겨놨다가 갖다놓는 정도에서 쉬는 시간이나 L양이 자리에 없을 때 아예 물건을 몰래 다른 반 휴지통에 버

렸습니다.

학교생활에서 항상 밝고 주도적이었던 L양은 점점 자신감을 잃었고 학교에 나가는 것이 싫어졌습니다. 누군가에게 도움을 구하고 싶었지만 부모님은 자신의 말을 대수롭지 않게 여기니 답답할 뿐입니다. 이런 상황이 된 것에 혼자서 매우 괴로워하고 있습니다.

L양은 자신이 당한 괴롭힘이 충분히 학교폭력이 될 수도 있다는 생각에 자신을 지속적으로 괴롭혀온 A양과 B양을 학교에 고발하고 싶었습니다. 하지만 마땅히 증거도 없다는 생각에 포기하기로 했다고 합니다.

상담 내용

A양과 B양은 활발하고 주도적인 L양의 모습이 마음에 안 들 뿐만 아니라 눈에 거슬려 괴롭히기 시작했습니다. L양은 처음에는 자기를 시기하는 애들의 장난 정도라고 여기고 무시했습니다. 하지만 시간이 갈수록 괴롭힘의 강도가 강해지고 그 방법도 교묘해졌습니다.

따라서 학교폭력은 초기 대응이 매우 중요합니다. L양처럼 그냥 대수롭지 않게 여겼다가 괴롭힘이 잦아들기는커녕 오히려 점점 다양한 방법으로 강하게 괴롭힘을 당하는 경우가 많기 때문입니다. 그렇다면 초기 대응은 어떻게 해야 할까요?

첫 번째, 친구들의 도움을 받아 가해학생이 누구인지 먼저 알아낸 뒤 분명하게 이야기해야 합니다.

"다시 한 번 이런 일이 있으면 그땐 그냥 넘어가지 않을 거야. 나에게 불만이 있거나 맘에 안 드는 게 있으면 이런 식으로 괴롭히지 말고 직접 말해줘."

이처럼 초기에 가해학생에게 만만하게 보이지 않는 것이 무엇보다 중요합니다.

똑 부러지게 말하거나 당당한 태도로 대응해야 합니다. 큰 목소리로, 떨리지 않는 목소리로, 당당한 태도로, 가해학생의 눈을 똑바로 마주보며 정확히 말해야 합니다. 약한 모습으로 대처하면 학교폭력을 지속적으로 당할 수 있기 때문입니다.

두 번째, 지속적인 괴롭힘으로 자신이 얼마나 정신적 스트레스를 받았는지 그때그때 작성한 일기장이나 낙서를 한 것이 있으면 담임선생님과 일대일 면담을 하면서 보여드립니다. 면담할 때 가해학생에 대한 대처 방법을 말씀드리면 더욱 좋습니다. 예를 들면 가해학생 처벌 요구, 재발방지 요구 등등이지요.

세 번째, 가까운 상담실이나 1388 청소년전화를 이용하여 본인이 학교폭력 피해를 당한 이유를 상담선생님과 함께 찾으면서 괴롭힘에서 벗어나기 위해 노력하는 것입니다. 초기에는 상담만으로도 그 이유나 괴롭힘에서 벗어나는 방법을 쉽게 찾을 수 있습니다. 그러나 괴롭힘을 오래 당했다면 그 기간만큼의 시간을 상담하는 데 들일 수도 있습니다.

보통의 경우에는 위 사례의 가해학생처럼 죄책감 없이 괴롭히는 것을 즐기고 있음을 알 수 있습니다.

2012년 청소년폭력예방재단 전국실태조사 결과를 보면, 학교폭력 가해학생들의 행동을 멈추게 할 수 있는 방법은 가해학생들에게 자신의 행동에 대한 잘못을 깨닫게 해줄 때 멈춘다고 합니다. 그렇다면 현재 죄책감 없이 지속적으로 괴롭히는 것을 즐기는 A양, B

양에게 먼저 자신의 행동이 잘못됐다는 것을 깨닫게 해주어야 합니다.

다시 말해 학교의 상담선생님 또는 지역의 청소년 상담지원센터 상담선생님에게 알려서 A양, B양이 개인 상담이나 집단 상담을 받아서 자신의 잘못된 행동을 깨닫게 해주는 것입니다.

안타까운 것은 L양의 부모님이 대수롭지 않게 대처를 하신 점입니다. 피해학생들 대부분은 부모님에게 제일 먼저 도움을 요청합니다.

그런데 L양의 부모님처럼 대수롭지 않게 생각하고 아무런 대처를 하지 않는다면 L양처럼 자신감을 잃고 주위에 도움 받을 사람이 아무도 없다는 생각까지 할 수도 있습니다. 결국 등교 거부에 괴로운 감정만이 남게 됩니다.

따라서 L양처럼 친구들에게 괴롭힘을 당한다고 말하면 부모님은 매우 주의해서 표현해야 합니다. 다음은 부모님이 해서는 안 될 표현입니다.

첫째, 화를 내면서 자녀를 무시하는 듯이 말하기
둘째, 자녀가 빌미를 제공했을 가능성이 있는 것처럼 말하기
셋째, 지나치게 흥분하여 감정적으로 격하게 말하기
넷째, 자녀 때문에 자신이 창피해진 것처럼 말하기
다섯째, 자녀의 현재 상황에는 관심이 없어 대충 듣고 특별한 대처법을 함께 찾지 않는 행동 등등.

괴롭힘은 또 다른 학교폭력의 유형으로 바뀔 수 있어 피해학생 혼자만 참거나 해결하려고 노력하는 것에는 분명 한계가 있습니다. 부모님, 학교 또는 담임선생님, 반 친구들이 함께 해결하기 위해 나선다면 피해학생은 조기에 괴롭힘에서 벗어날 수 있습니다.

문자로 주고받던 대화가 집단 따돌림이 되었어요

- **사례 유형 : 따돌림**
- **피해학생 : 총 1인(고 1, 여)**
- **가해학생 : 총 2인(중 2, 고 1, 여)**

고등학교 1학년인 A양은 평소 친하게 지내던 친구 B양과 같은 동아리 활동을 하고 있었습니다. 두 친구 모두 활달하고 명랑한 성격이라 주위 친구들과 잘 어울려 선생님들의 평가도 좋았습니다. 서로 다투거나 갈등이 생겨도 곧바로 만나서 대화로 풀어 큰 갈등 없이 지냈지요.

그런데 A양이 B양과 대화를 나누던 중 평소 좋지 않게 생각하던 같은 동아리의 중학교 2학년인 C양에 대해 "공부는 하지 않고 놀기만 한다"고 말한 것이 화근이 되었습니다.

그 말을 B양이 C양에게 전달하자 동아리에서 영향력이 있는 C양은 마음에 상처를 받고, A양에 대한 험담을 동아리 친구들에게 했습니다.

A양은 동아리 친구들이 자신에 대해서 하는 이야기를 전해 듣고 B양과 함께 C양에게 직접 찾아가 정황을 캐물었습니다. 그런데 그 사이 B양은 C양과 친해졌고, A양이 캐묻는 동안 C양을 옹호하는

말을 했습니다.

A양은 B양의 태도에 당황했고, 동아리의 모든 학생들이 자신을 좋지 않게 생각한다는 피해의식을 갖게 되었습니다.

문제는 여기서 그치지 않고 C양은 자신이 들었던 험담을 부풀려서 지속적으로 A양을 공개적으로 망신시켰습니다. 세 살이나 위인 A양에게 반말을 하고 공공연히 A양이 싫다는 말을 했습니다.

B양은 애매한 태도로 A양과 C양을 번갈아 만나며 계속 서로에 대한 험담을 전달하면서 상황을 더욱 악화시켰습니다.

결국 이 문제를 해결해야겠다고 생각한 A양은 C양에게 문자 메시지를 보내어 대화를 시작했습니다. 그러나 문자 메시지만으로는 서로의 감정을 지레짐작할 뿐, 전에 없었던 욕과 거친 폭언을 하게 되었습니다.

그 과정에서 동아리 담당선생님이 A양, B양, C양에게 상황을 전해 듣고 중재 자리를 열었습니다. 그러나 이미 서로 마음이 많이 상한 A양과 C양은 오히려 감정의 골만 더 깊어지게 되었습니다.

"문자로 네가 그렇게 말했잖아."

"네가 먼저 그런 욕을 보냈잖아."

선생님의 중재도 아무 소용이 없자 A양은 더욱 크게 낙담했습니다. 친구들이 자신을 싫어한다는 피해의식 속에 무기력하게 학교생활을 하던 A양은 자해를 시도하기도 했습니다.

여러 친구들에게 해명도 했지만 이미 친구들은 B양과 C양의 이야기를 듣고 A양을 멀리했습니다. A양은 이러지도 저러지도 못한 채 동아리에서 따돌림(일명 은근한 따돌림)을 받게 되었습니다.

A양은 문제 해결이 안 될 것이라는 부정적인 생각과 피해의식에 사로잡혀 동아리를 탈퇴하고 학교생활도 그만두고 싶다는 말을 담당선생님에게 전했습니다.

하지만 A양은 B양의 태도에 대해 인지하지 못하는 상황에서 영향력 있는 C양과 다시 친해지고 싶다는 생각도 동시에 갖고 있습니다.

이런 경우 어쩌면 A양이 같은 동아리 활동을 하며 친하게 지낸 B양에게 실망스럽고, 믿을 만한 사람이 아무도 없다고 생각할 수도 있을 것 같습니다. A양과 C양 사이를 오가며 말을 옮기는 B양의 옳지 못한 행동으로 오해와 갈등의 골을 깊어졌다는 점을 명심해야 합니다. 두 사람이 그렇게 된 데에는 B양의 행동이 주 원인이 되었기 때문입니다. 그렇다면 B양은 어떤 마음과 의도로 A양과 C양 사이를 오가며 얘기를 옮겼을까요?

이러한 사례는 여학생들 사이에서 자주 벌어지는 뒷담화에서 비롯된 학교폭력 따돌림입니다. 우리는 정말 이럴 때 어떻게 해야 할까요? A양의 행동과 마음은 어떤가요?

그 자리에 없는 C양의 험담(뒷담화)을 한 행동은 분명 잘했다고 할 수 없습니다. A양은 B양에게 C양 얘기를 할 때 비밀을 지켜주리라 믿고 험담을 했을 것입니다. 상황이 이렇게 커질지 예상하지도 못했겠지요. 분명 A양의 경솔한 태도에 문제가 있습니다.

자해를 하고 친구들에게 설명도 해보았지만 아무것도 해결되지 않는 상황에서 관계를 회복하지 못하리라 스스로 짐작하고 포기하는 마음도 있었을 것입니다. 동아리 활동과 학교생활도 예전처럼 즐겁지 않고 힘든 생활의 연속입니다.

A양의 마음은 복잡할 것입니다. 자퇴를 하고 싶기도 하고, C양과 다시 친해지고 싶다고 생각할 수도 있겠지요. 그렇다면 지금 상황에서 A양은 어떻게 하면 예전으로 돌아갈 수 있을까요? 먼저 C양에게 화해를 하고 친해지면 예전으로 돌아갈 수 있을 것입니다.

따라서 자신의 행동이 무엇이 문제였고 해결할 수 있는 방법이 무엇인지 진지하게 생각하고 고민하는 시간이 필요합니다. 역지사지로 C양의 마음을 헤아려보는 시간을 가지는 것도 본인에게 도움이 될 수 있습니다.

B양의 행동은 어떤가요? 먼저 B양이 A양과 C양을 오가면서 서로의 험담을 옮기며 소문내는 행동이 문제가 되었다고 할 수 있습니다. 모든 사람이 자신의 마음에 안 들고 자신과 다를 수도 있는데, 피해학생이 마치 틀린 것처럼 소문내고 다니는 것은 잘못된 행동입니다.

B양에게도 피해학생의 입장에서 생각해보는 시간이 필요합니다. 생각을 정리하면 이런 상황에서 어떻게 A양에게 다가가고, 어떤 태도를 취해야 할지 정답을 얻을 수 있습니다.

이런 상황을 학교폭력법에 적용해보면, B양은 가해 행동에 동조했기 때문에 가해학생으로 볼 수 있습니다.

「학교폭력 예방 및 대책에 관한 법률」에 따라 처리하면 B양도 처벌을 피해갈 수 없습니다.

C양의 마음과 행동은 어떻게 생각하나요? A양이 자신의 험담(뒷담화)을 했다는 이야기를 들었을 때 C양은 마음에 상처를 받아 많이 속상하고 힘들었을 것입니다. 분명 보복하고 싶은 마음도 있었을 테지요.

그런데 A양에 대해 들었던 험담을 부풀려서 지속적으로 A양을 공개적으로 망신시킵니다. 세 살 위 선배인 A양에게 반말을 하고 공공연히 A양이 싫다는 말과 행동으로 괴롭힙니다.

비록 A양을 은따(은근한 따돌림)할 생각이 없었을지라도 A양이 은따가 되는 상황이 벌어졌습니다. 그렇다면 과연 A양을 은따시킨 것으로 C양이 받은 상처가 치유되었을까요?

누군가가 또다시 C양에 대해 험담을 하거나 여학생들 사이에서 또 싸움이 벌어지면 그때도 C양은 이와 같은 방법을 선택할 수 있습니다. 자신도 모르게 이 방법을 선택하게 된다는 뜻이지요. 결국 자신이 가해학생이 되어 옳지 못한 방법으로 상대방을 괴롭히는 방법을 알게 모르게 몸에 익히게 됩니다.

따라서 C양의 경우 자신의 상처를 어떻게 치유할지 고민하고 누군가가 험담할 때 어떻게 대처해야 할지 그 방법을 모색하는 것이 더 현명한 선택입니다.

친한 친구 사진을 사용해 남자친구들과 채팅했어요

- 사례 유형 : 사이버 폭력(개인정보 도용)
- 피해학생 : 총 2명(중 2, 여)
- 가해학생 : 총 1명(중 2, 여)

A양은 덩치가 크고 외모는 그리 호감을 주지 못하는 중학교 2학년입니다. 다만 성격이 털털해 친구들은 A양에게 그다지 호감은 가지 않았지만 측은한 생각이 들어 친구로 지내고 있는 상황이었습니다.

A양과 같은 반인 B양과 C양은 A양과 가깝게 지내는 친구들입니다. 어느 날 B양과 C양은 A양의 스마트폰을 구경하다가 SNS에 접속하게 되었습니다. 그런데 살펴보니 SNS 프로필 사진이 친구인 B양이었습니다.

더욱 놀라운 것은 A양과 SNS로 이야기를 나누는 친구들의 대화가 대부분 성적인 이야기였습니다. A양이 남자친구를 사귀려고 자신의 얼굴이 아닌, 얼굴이 예쁜 B양의 사진을 이용하여 문자 메시지로 대화를 했던 것입니다.

더구나 A양은 스마트폰에 설치한 채팅 가능한 앱을 다운받았는데 그곳 프로필에는 C양의 사진을 올려 야한 이야기를 나누었음을 확인하게 되었습니다.

이 때문에 B양과 C양은 몹시 화가 났고, A양의 사생활이 담긴 채팅 내용을 계속 살펴보았습니다. 그러자 A양에 대한 많은 정보가 드러나게 되었지요. B양과 C양은 한편으로는 A양이 측은하다고 느꼈습니다. A양이 그런 행동을 하게 된 배경에 대해 알게 되자 화가 많이 났지만 도와야 한다는 생각에 상담실에 도움을 요청했습니다.

학교 상담선생님은 A양에게 개인 상담을 한 뒤에 B양과 C양에게 사과하도록 했으나 수치심을 느낀 A양은 학교를 다니지 않기로 결정했습니다.

　자신의 잘못된 행동에 대해 인정하고 반성하는 것 또한 용기가 필요합니다. A양의 사례처럼 자신의 잘못된 행동은 뒤돌아보지 않고 본인이 느낀 수치심과 감정에만 집중한다면 더욱 큰 문제가 발생합니다. A양처럼 학교에서 피해학생들을 볼 때마다 수치심과 좋지 않은 감정들이 떠올라 학교생활을 하기 어려울 수도 있습니다.

　특히 이 사례는 피해학생들이 가해학생을 도와야겠다는 생각에 학교 상담실에 도움까지 요청했습니다. 따라서 가해학생은 그 친구들의 도움이 부끄러운 것이 아니라 자신을 진정한 친구로 생각하는 도움이라는 것을 받아들여야 합니다.

　그런데 피해학생들이 그런 도움을 주기 전에 가해학생의 의사를 먼저 타진했다면 더욱 좋았을 것입니다.

　진정으로 너에게 도움을 주고 싶다는 진심을 전달한 뒤 상담을 권하거나 도움 받을 수 있는 기관을 소개해주면서 손길을 내밀면 상대방의 마음이 보다 쉽게 열릴 수 있기 때문이지요. A양에게 도움의 손길을 줄 수 있는 기관은 다음과 같습니다.

교육부(www.stopbullying.or.kr), 청소년폭력예방재단 학교폭
력 SOS지원단, 청소년 전화 1388, 학교전담 경찰관, 학교 내 학
교폭력 담당선생님 등

그러나 만약 화해할 수도 없고 처리할 수 없는 상황까지 된다면
대처하는 방법에 대해 알고 있어야 합니다. 먼저 사이버 폭력 증거
를 수집하고, 사이버 폭력 자료삭제 및 사과를 요구해야 합니다. 그
리고 학교나 관련기관에 신고해야 할지를 결정해야 합니다. 신고
를 할 수 있는 기관과 방법은 다음과 같습니다.

• 전화신고 : 117번
• 온라인 신고 : www.safe182.go.kr
• 모바일 신고 : m.safe182.go.kr
• 문자신고 : #1388, #0117로 문자 보내기

돌고 도는 따돌림과 왕따가 싫어요

- 사례 유형 : 따돌림
- 피해학생 : 총 1인(중 2, 여)
- 가해학생 : 총 3인(중 3, 여)

중학교 2학년인 K양은 집단에서 특정학생에 대해 이야기를 부풀리고 따돌리는 형식으로 관계를 맺는 나쁜 습관을 가지고 있었습니다.

예를 들어 학교에서 B가 K에게 C와 트러블이 있다고 이야기하면 K는 C에 대해 평소 안 좋았던 이야기들을 근거 없이 부풀려서 주변 친구들에게 말해 결국 집단에서 C를 따돌리는 것이지요.

그러던 어느 날 교회에서도 K양의 이러한 따돌림의 습관이 나타났습니다. 자신의 친구를 심하게 욕하는 K양의 모습을 본 중학교 3학년 H양은 교회 실세로, 이를 괘씸하게 여겨 교회에서 K양을 따돌렸습니다.

교회에서 왕따를 당한 K양은 자신의 잘못을 인정했습니다. 그러나 친구들이 받아주지 않자 힘들어했습니다. 유일하게 K양의 학교 친구이자 교회 친구인 J양이 K양의 괴로움을 들어주며 위로하고 함께해주었습니다.

시간이 흐르자 K양은 교회에서 어느 정도 관계가 회복이 되고 그나마 적응해 갔습니다.

그런데 어느 날, 갑자기 K양이 교회에 나오지 않았습니다. J양이 학교에서 K양과 싸웠기 때문이지요.

J양은 K양이 힘들었을 때 자신이 얼마나 잘 해주었는데 뒤통수를 치느냐고, 교회 친구들에게 억울함을 토로했습니다. 그 내용을 살펴보면, J양과 K양이 속해 있는 동아리 선생님이 J양에게 방송기계 문제로 이야기하던 중에 터졌습니다.

선생님이 "너 잘났다, 싸가지 없는 것!"이라고 말하자 이에 화가 난 J양은 동아리 멤버들에게 이 이야기를 전하고 동아리에서 탈퇴하자고 했습니다. 이야기를 들은 K양과 몇몇 동아리 멤버들은 그러자고 동의했습니다.

하지만 동아리에 들어온 지 얼마 되지 않았던 K양은 쉽게 결정하지 못했습니다. 같은 동아리 멤버인 D양에게 '사실 난 동아리에 탈퇴하고 싶지 않아. 같이 탈퇴하지 말자'라는 내용을 카톡으로 보냈던 것입니다.

D양은 이 내용을 J양에게 전달했고 그러자 J양은 힘들 때 챙겨준 K양에게 배신감을 느껴 어떻게 그럴 수 있느냐며 따졌습니다. 친했던 J양과 동아리 멤버들이 함께 화를 내자 당황한 K양은 미안하다며 수업이 끝날 때까지 계속 엎드려 있으면서 눈물을 흘렸습니다.

J양은 일을 크게 만든 K양의 태도에 내용을 모르는 주변 학생들

과 선생님이 자신을 나쁜 학생으로 보면 어떡하나 분노하면서도 K 양이 학교폭력으로 신고할까 봐 걱정하고 있습니다.

한편 K양도 J양이 교회 친구들에게 자신의 욕을 하고 다닌다면 또다시 왕따가 되지 않을까 걱정하고 있습니다.

상담 내용

따돌림의 개념을 잘 인지하고 있나요? 다시 한 번 강조하지만 「학교폭력 예방 및 대책에 관한 법률」 제2조에 따르면 "'따돌림'이란 학교 내외에서 두 명 이상의 학생들이 특정학생이나 특정집단의 학생들을 대상으로 지속적이거나 반복적으로 신체적 또는 심리적 공격을 가하여 상대방이 고통을 느끼도록 하는 일체의 행위를 말한다"라고 되어 있습니다.

K양이 H양에게 교회에서 당한 것은 법률에서 말하는 따돌림에 해당됩니다. 괘씸하다는 이유로 한동안 그 따돌림이 지속된 것을 알 수 있습니다.

학교에서 일어난 일을 J양이 동아리 아이들과 함께 K양에게 화를 낸 상황은 학교폭력 따돌림으로 보기에는 섣부른 판단입니다.

법에서 정한 것을 다시 살펴보면, "특정인이나 특정집단의 학생을 대상으로 지속적, 반복적으로"라고 명시되어 있기 때문입니다. 학교에서 일어난 사안으로 지속적, 반복적으로 K양을 따돌렸다면 이는 법률에서 말하는 따돌림이 맞습니다.

학교생활에서는 친구 사이에도 서로 싸우거나 말다툼으로 며칠 동안 어울리지 않다가 화해하고 다시 어울려 다니는 경우가 많습니다. 따라서 친구와 싸워서 상처 받았다고 무조건 학교폭력이라고 볼 수 없습니다.

그렇다면 여러분은 친구 사이에서 흔히 일어날 수 있는 다툼인지, 학교폭력인지 구분할 수 있어야 합니다.

이 경우 K양은 J양이 교회에서 자신을 욕하고 다닌다면 또다시 왕따를 당할까 걱정만 하지 말고 교회나 학교에서 J양과 화해할 수 있는 방법을 찾는 것이 중요합니다. 그리고 K양은 동아리를 탈퇴하고 싶지 않은 진짜 속마음에 대해 이야기해야 합니다. J양이 화가 나서 따지러 왔을 때 자신의 마음은 어땠는지 그 마음을 전달한다면 J양도 배신감보다는 그 진심을 헤아려줄 것입니다.

J양도 동아리를 탈퇴하자고 제안한 의견을 K양이 무조건 받아들여야 한다고 생각하지 말고, K양의 의견을 존중해주고 인정해주는 마음을 가져야 합니다. 그렇게 되면 동아리를 탈퇴하든 안 하든 두 사람의 관계가 멀어지지 않을 것이기 때문입니다.

학교폭력 NO 이젠, 아프다고 말하요

초판 1쇄 발행일 2014년 4월 18일
초판 3쇄 발행일 2015년 5월 15일

글   윤학렬 · 유희경 · 이윤영 · 김주희
펴낸이   강희제
펴낸곳 도서출판 힐링21
주소   413-756 경기도 파주시 직지길 218(문발동)
전화   031-955-0508
팩스   031-955-0509
등록번호   제406-2009-000039호
등록일자   1993년 5월 13일

ISBN   978-89-86346-83-1 (43180)

힐링21
Healing21 은 독자들에게 삶의 희망과 위안을 주는
      도서출판 다리미디어의 브랜드입니다.

• 이 책의 모든 수익금은 청소년 폭력예방의 치유와 예방 기금으로 사용됩니다.